GABRIELE GIARDINI

Busta paga
FACILE

1^ edizione: 2008
2^ edizione: 2009
3^ edizione: 2012

Le informazioni contenute in questo libro sono aggiornate a febbraio 2012. L'autore e l'editore, pur assicurando la massima cura nel reperimento e nella pubblicazione delle informazioni contenute nel presente libro, non possono essere ritenuti responsabili di eventuali errori od omissioni.

ISBN: 978-1-4710-9141-4

INDICE

INTRODUZIONE

Perché è tanto complicato leggere una busta paga?
Nella mia esperienza ho riscontrato tre problemi molto comuni che sono facilmente risolvibili.

1) TROPPI NUMERI DI CUI NON SI CAPISCE LA DISPOSIZIONE: in effetti la busta paga sembra un'accozzaglia di numeri messi a caso su un foglio; i prossimi capitoli vi spiegheranno la disposizione degli elementi di un cedolino e la logica con cui vengono indicati.
2) TERMINI TROPPO TECNICI: sui prospetti paga compaiono parole riservate agli addetti ai lavori (sfido chiunque non esperto a spiegarmi la differenza tra deduzioni, detrazioni, oneri deducibili e oneri detraibili). Il libro si propone di spiegarvi questi termini con parole molto più semplici, utilizzando un linguaggio comune e comprensibile a tutti.
3) UTILIZZO DI SIGLE E ABBREVIAZIONI: spesso per brevità si usano sigle come "int ex sind" o "irr" che risultano oscure anche a noi Consulenti del Lavoro. Nel libro verrà spiegato il significato di molte sigle e vi dirò anche dove si può trovare il significato delle sigle meno comuni.

Bene, ora che abbiamo capito che possiamo risolvere i problemi più frequenti vi comunico che c'è n'è ancora uno su cui il libro può fare ben poco: LA PAURA DELLA MATEMATICA.
Vi assicuro che non c'è bisogno di nessuna competenza universitaria per leggere il cedolino: si utilizza la matematica delle elementari, senza nemmeno le radici quadrate. L'operazione più complessa è la percentuale, facilmente risolvibile con l'utilizzo di una calcolatrice da un euro.
Tuttavia essendo Italiani abbiamo imparato ad odiare i numeri fin da bambini.
Pensate di essere in grado di controllare gli attacchi di panico davanti ad una serie di cifre consecutive?
Bravi. Se riuscirete in questa dolorosa impresa avrete una grande ricompensa: capirete cosa c'è scritto sulla vostra busta paga, quale valore hanno tutti quei numeri e perché vi stanno pagando così poco.

Ora che abbiamo risolto i problemi principali possiamo dedicarci alla lettura del libro e della busta paga che vi consiglio di tenere vicino a voi insieme alla calcolatrice durante la lettura.

Il mio consiglio è quello di leggere il libro pagina dopo pagina (tipo romanzo) e non saltando da una pagina all'altra (tipo vocabolario) perché ogni busta paga ha un inizio, uno sviluppo ordinato ed una fine.

Non scoprite il colpevole prima di aver letto tutto il giallo! La busta paga non è affascinante come un poliziesco, ma vi assicuro che è più comprensibile se seguite ordinatamente tutto il racconto.

Un'avvertenza per la lettura: difficilmente troverete i termini scritti nel libro riprodotti esattamente sulla vostra busta paga, perché lo stesso concetto può essere espresso con decine di nomi diversi.

E' importante capire quali concetti stiano dietro un cedolino paga e tentare di intuire come siano riportati sulla vostra busta ; è per questo che alla fine dei vari capitoli ci sono i "compiti a casa" che vi aiutano a riportare nella realtà quello che è scritto sul libro.

Infine una regola base: NON ESISTONO DUE BUSTE PAGHE UGUALI.

Mi dispiace, ma la vostra busta non è confrontabile con quella del vostro collega che fa lo stesso vostro lavoro, ma ha due figli, né con quella di vostro cugino che ha la stessa vostra situazione familiare, ma lavora in un'azienda diversa.

Ogni busta paga è unica, è fatta per uno specifico lavoratore, è calcolata da un software paghe diverso, è digitata sul software da un operatore specifico.

Pronti per l'avventura?

1. COME E' FATTA UNA BUSTA PAGA?

Per capire come è fatta una busta paga bisogna partire dal concetto di Libro Unico del Lavoro (per gli amici Lul), cioè un registro informatico che ogni azienda è obbligata a tenere ed in cui sono indicati mese per mese:

- i dati dell'azienda e del dipendente (detti anche dati matricolari)
- il calendario delle presenze e delle assenze del lavoratore
- il calcolo completo della retribuzione del dipendente

La busta paga non è altro che un estratto del Lul che viene consegnato al dipendente ogni mese per fargli conoscere come viene calcolata la sua retribuzione.

E' buona norma (ma non un obbligo di legge) che al dipendente venga data una vera e propria copia del Lul contenente anche il calendario delle presenze e delle assenze.

La busta paga, estratta dal Lul, è divisa in quattro parti.

1) LA PARTE ALTA: serve a definire la retribuzione di riferimento del lavoratore, cioè quella retribuzione che viene presa come base per il calcolo della retribuzione reale. Infatti prima di poter calcolare il vero e proprio stipendio del dipendente bisogna valutarne la professionalità, l'anzianità, i compiti svolti ecc. in modo da conoscere il "valore economico" di quel dipendente cioè la sua RETRIBUZIONE DI RIFERIMENTO. Questo è un valore assolutamente "virtuale" che serve unicamente come base per i calcoli ed è del tutto indipendente da quello che il lavoratore ha combinato nel mese. In altre parole, che il dipendente abbia lavorato più o meno ore, che si sia presentato al lavoro o meno, la sua retribuzione di riferimento non cambia, essendo un dato puramente virtuale.

2) IL CALENDARIO: per ogni giorno del mese di riferimento viene segnata la presenza al lavoro con le sue articolazioni (lavoro notturno, festivo, straordinario ecc.) o l'assenza con la sua motivazione (riposo, ferie, malattia, permessi ecc.). Come già detto, non è obbligatorio riportare il calendario sulla busta paga.

3) LA PARTE CENTRALE: è qui che entra in gioco realmente ciò che è successo nel mese; è in questa parte che si calcola effettivamente la quantità di lavoro svolto dal dipendente e si valutano economicamente

anche le assenze dal lavoro. Qui, sulla base del calendario e della retribuzione di riferimento, si calcola la retribuzione reale del dipendente, cioè quella che gli spetta effettivamente ogni mese: è la cosiddetta RETRIBUZIONE LORDA.

4) LA PARTE BASSA: purtroppo, come ben sapete, la retribuzione lorda non finisce interamente nelle tasche del dipendente, ma viene in parte trattenuta. Le TRATTENUTE servono a garantire al lavoratore la pensione base, alcune prestazioni economiche (nei casi di malattia e maternità ad esempio) e vanno anche a finanziare lo Stato che incassa la sua quota di imposte. Quello che rimane al termine di tutte queste trattenute è la RETRIBUZIONE NETTA che viene effettivamente versata dall'azienda al dipendente ogni mese.

La suddivisione in quattro parti può non risultare così chiara a prima vista e probabilmente guardando ora la vostra busta paga non la vedrete, ma è presente in ogni cedolino e andando avanti diventerà più facile da capire.

Per motivi di comodità di calcolo da parte dell'azienda è possibile che il calendario non sia quello del mese di riferimento della busta paga, ma quello del mese precedente. Si parla in questo caso di "calendario sfasato" che complica ovviamente la lettura della busta paga. Facciamo alcuni esempi.

Esempio di calendario normale
La busta paga di MAGGIO viene calcolata sulla base del calendario delle presenze e delle assenze di MAGGIO e viene retribuita nei primi giorni di giugno. Insieme alla retribuzione viene consegnata la busta paga al lavoratore e l'azienda ha tempo fino al 30 GIUGNO per elaborare il Lul.

Esempio di calendario sfasato
La busta paga di MAGGIO viene calcolata sulla base del calendario delle presenze e delle assenze di APRILE, viene retribuita negli ultimi giorni di maggio oppure nei primi giorni di giugno. Insieme alla retribuzione viene consegnata la busta paga e l'azienda ha tempo fino al 30 GIUGNO per elaborare il Lul.

Esempio di calendario sfasato 2

La busta paga di MAGGIO viene calcolata sulla base del calendario delle presenze e delle assenze che vanno DAL 16 APRILE AL 15 MAGGIO. Viene retribuita negli ultimi giorni di maggio oppure nei primi giorni di giugno. Insieme alla retribuzione viene consegnata la busta paga e l'azienda ha tempo fino al 30 GIUGNO per elaborare il Lul.

Un matrimonio troppo affollato

Un'altra cosa da sapere è che il rapporto di lavoro non è semplicemente un matrimonio a due (lavoratore e azienda), ma prevede l'intervento di altre entità, sia pubbliche che private, che hanno diritto di "mettere il becco" nel rapporto di lavoro e, di conseguenza, compaiono nelle buste paga.

Tra gli enti di diritto pubblico ci sono quelli incaricati di gestire le pensioni base (dette prestazioni previdenziali) come il famoso Inps, ma anche l'Inpgi per i giornalisti.

Altri enti pubblici si occupano di fornire prestazioni economiche in caso di impossibilità del dipendente a lavorare (dette prestazioni assistenziali). In pole position c'è sempre l'Inps (malattia, maternità, cassa integrazione e molte altre), accompagnato dall'Inail (infortuni sul lavoro e malattie professionali) e dall'Enpaia (per gli agricoltori).

Gli enti privati che intervengono nel rapporto di lavoro sono veramente troppi per essere citati tutti, possiamo però raggrupparli per categorie.

Ci sono quelli che garantiscono assistenza sanitaria (ad esempio Est, Cadiprof, Quas ecc.), i Fondi che si occupano della previdenza complementare (ad es. Cometa, Fonchim, Fonte ecc.), quelli che gestiscono attività molto varie (i cosiddetti enti bilaterali), i Fondi paritetici interprofessionali che si occupano di formazione (ad esempio Fapi, Fondimpresa, Fon.Ter.) e le Casse Edili che garantiscono ai lavoratori edili una parte della retribuzione oltre a numerose altre prestazioni.

Inoltre, anche i sindacati e le finanziarie possono rientrare nella busta paga se il lavoratore decide di chiamarli in causa (trattenuta sindacale e prestiti con cessione del quinto).

Inoltre lo stipendio può essere una fonte per onorare i debiti e quindi può essere disposto un pignoramento su sentenza di un giudice a favore di un creditore del dipendente.

Come se non bastasse il lavoratore e l'azienda non sono neanche liberi di concordare la retribuzione tra loro perché, come già immaginavate, anche in questo frangente intervengono numerose altre entità che vedremo nel prossimo capitolo.

2. LA PARTE ALTA: DETERMINIAMO LA RETRIBUZIONE DI RIFERIMENTO

Fatte tutte queste premesse possiamo finalmente partire con la lettura del nostro cedolino.

Vi ricordo che lo scopo della parte alta è quello di definire chi siete e quanto siete bravi a lavorare in modo da potervi dare un valore economico, misurabile in euro, chiamato RETRIBUZIONE DI RIFERIMENTO.

Questa serve per calcolare la retribuzione lorda, cioè quella reale, ma è ancora un valore del tutto virtuale che prendiamo come base di calcolo.

Se questa stima del valore fosse lasciata nelle vostre mani probabilmente vi assegnereste un prezzo molto alto che sarebbe economicamente insostenibile per l'azienda.

Viceversa se fosse il vostro "padrone" a dovervi dare un valore sceglierebbe quello più basso possibile in modo da potervi pagare molto poco.

Essendo l'azienda quella che vi può dare o negare il posto di lavoro, detiene un potere contrattuale molto forte nei vostri confronti e, in pratica, tiene il "coltello dalla parte del manico".

Il Contratto Collettivo

Per fortuna, è stato inventato un meccanismo che toglie questa valutazione dalle mani della singola azienda e la delega ai rappresentanti dei lavoratori e delle aziende che hanno un potere contrattuale simile e riescono (seppur spesso con molta difficoltà) a mettersi d'accordo sul valore economico da assegnare ai dipendenti.

Questo valore si chiama retribuzione minima ed è contenuto nei contratti collettivi nazionali di lavoro (detti anche CCNL) che contengono tutti gli accordi tra le parti sociali (sindacati dei lavoratori e associazioni di categoria dei datori di lavoro).

Quindi se vogliamo leggere la nostra busta paga è fondamentale conoscere quale contratto collettivo si applica alla nostra azienda.

C'è un modo molto facile per sapere qual è lo specifico contratto applicato al vostro caso: è scritto sulla lettera d'assunzione che vi è stata consegnata all'inizio del rapporto di lavoro.

State attenti perché i contratti collettivi sono numerosi e, pur essendo suddivisi per categorie produttive, ce ne potrebbe essere più di uno teoricamente applicabile alla vostra azienda. Leggete bene la lettera d'assunzione per capire qual è quello giusto.

Un elenco completo dei contratti collettivi nazionali è contenuto sul sito www.cnel.it

Inoltre, se lavorate in un'azienda piuttosto grande, questa potrebbe applicare oltre al CCNL, anche un contratto aziendale[1], ugualmente valido, ma magari difficilmente reperibile su Internet.

Infine, possono esistere anche i contratti territoriali (regionali o provinciali) che possono prevedere norme aggiuntive rispetto a quelli nazionali.

Non vi consiglio di leggere tutto il vostro contratto dall'inizio alla fine perché è scritto in un linguaggio abbastanza incomprensibile, ma sappiate che ogni volta che avete un dubbio sulle norme che regolano il vostro rapporto di lavoro probabilmente potete trovare la risposta da qualche parte nel contratto collettivo.

Retribuzione minima

Tornando a noi, la retribuzione minima non è scritta così chiaramente sul contratto collettivo perché si è arrivati a determinarla dopo una storia di parecchi decenni di contratti e, quindi, è suddivisa in tante parti distinte che sono rimaste all'interno dei contratti negli anni e mai sono state riunite in una sola voce.

Nella parte alta del cedolino trovate indicate tutte queste voci separate e quindi, probabilmente non riuscite a trovate scritta la retribuzione minima tutta intera.

Non preoccupatevi perché ora vi svelo quali sono le più comuni tra queste voci:

minimo (in alcuni contratti, giusto per fare un po' di confusione, il "minimo" è solo una della parti che compongono la retribuzione minima completa), paga base, minimo tabellare, minimo sindacale, retribuzione

---

[1] Dopo il "caso Fiat" nel 2011 i contratti aziendali hanno assunto una rilevanza maggiore che in precedenza. Oltre ai "vecchi" contratti aziendali che si limitano ad aggiungere alcune parti ai CCNL, senza modificarli, oggi esistono anche i contratti aziendali forti che possono modificare alcune norme dei CCNL ed i contratti collettivi concordati di prossimità (CCCP) che possono modificare sia i CCNL, sia alcune norme di legge.

base, contingenza (i meno giovani ricorderanno questo meccanismo che legava i salari all'inflazione e le vicende storiche che hanno portato alla sua abolizione a causa dei problemi economici che aveva creato. Oggi è rimasta in alcuni contratti in omaggio alla storia, ma non ha più nessun significato particolare), edr (elemento distinto della retribuzione, anch'esso eredità della contingenza), edar, ear, terzo elemento, ivc (indennità di vacanza contrattuale, ovvero una cifra che viene data dopo lo scadere del contratto collettivo e nell'attesa del suo rinnovo), premio congelato (perché non aumenta mai), retribuzione conglobata ecc.

Se viene applicato un contratto collettivo territoriale o aziendale (detti di 2° livello), aggiuntivo rispetto a quello nazionale, appariranno anche le voci di retribuzione stabilite da tali contratti che hanno i nomi più vari (irr, eet, evr, ccpl, ir, pr.prov. ecc.)

Come già detto, ogni contratto collettivo utilizza termini specifici e sigle particolari per cui potreste trovare nella parte alta del cedolino altri tipi di voci.

Ma la cosa non ci interessa più di tanto perché tutte quante vanno sommate insieme per dare la retribuzione minima e, soprattutto, perché è molto facile trovare su Internet le tabelle con le voci che ne fanno parte ed i relativi valori economici (provate digitando ccnl e poi il nome del vostro contratto su un motore di ricerca).

La retribuzione minima viene periodicamente aumentata per tenere conto dell'inflazione, cioè della perdita di valore del denaro. Pertanto state attenti a trovare la tabella in vigore e non una di quelle precedenti.

Come si fa a sapere se la retribuzione minima che vi viene data è corretta? Occorre scendere più nel dettaglio della sua composizione.

Ovviamente non tutti i lavoratori all'interno di un contratto collettivo hanno la stessa retribuzione minima perché questa dipende da tre fattori:

- i compiti svolti dal dipendente
- l'anzianità del lavoratore
- le indennità previste dal contratto

I livelli

I compiti effettivamente eseguiti (o in termine tecnico le mansioni) definiscono la professionalità del lavoratore.

Ogni contratto collettivo definisce quali sono le mansioni tipiche di un certo settore e le raggruppa in livelli professionali ordinati (1°, 2°, 3° ecc.) a cui corrispondono differenti retribuzioni minime.

Per capire come vengono ordinati i livelli (e di conseguenza le retribuzioni) facciamo un esempio: secondo voi, è importante lavorare in un ambiente pulito? Ovviamente sì.

Purtroppo nessun contratto collettivo dà importanza a questo fattore perché si ritiene che tutti siano in grado di fare le pulizie e questo compito non richieda alcun tipo di professionalità. Perciò a queste mansioni viene assegnato un livello professionale molto basso.

Viceversa: i dirigenti sono competenti nello svolgimento del loro lavoro? Ovviamente molti di loro sì, ma alcuni hanno rovinato delle aziende.

Siccome il mestiere di dirigente richiede molta competenza e preparazione viene considerato di un livello professionale molto alto.

Non possiamo qui discutere se ci sia giustizia sociale in questo meccanismo, sta di fatto che A LIVELLI PROFESSIONALI ALTI CORRISPONDE UNA RETRIBUZIONE MINIMA ALTA, MENTRE A LIVELLI PROFESSIONALI BASSI CORRISPONDE UNA BASSA RETRIBUZIONE MINIMA.

State attenti perché in alcuni contratti il livello più basso è il 1°, in altri è invece il più alto; in certi contratti si utilizzano le lettere invece dei numeri, ma con lo stesso significato (livello A, B, C ecc.).

I livelli "super" sono equivalenti in pratica ad un mezzo livello in più, quindi il 3° livello super è intermedio tra il 3° e il 4° livello.

In alcuni contratti cervellotici i livelli vengono identificati da una specie di battaglia navale in cui, ad esempio, B3 indica due progressioni di livelli diverse (una per la lettera e una per il numero).

A volte i livelli vengono anche definiti categorie o profili.

Nel caso vi interessi sapere se il vostro livello è quello giusto dovete prendere il vostro contratto collettivo e andarvi a leggere le declaratorie (cioè le spiegazioni) dei livelli. Spesso trovate descritte molto bene le mansioni che corrispondono ad un determinato livello, a volte invece bisogna lavorare un po' di fantasia.

Il livello per il quale siete pagati è scritto nella lettera di assunzione e, se è variato nel tempo, vi dovrebbe essere stato comunicato. Comunque è sicuramente scritto sulla busta paga nella parte alta.

Gli scatti di anzianità

I contratti collettivi premiano l'anzianità dei dipendenti, non quella anagrafica, bensì quella di servizio presso la stessa azienda. Infatti il dipendente che passa più tempo nella stessa azienda conosce molto meglio il lavoro, i clienti, le procedure ecc. ed è quindi probabilmente più produttivo di un neo-assunto.

Pertanto ogni due o tre anni (dipende dal contratto) si ha diritto ad un aumento della retribuzione minima chiamato scatto di anzianità.

L'aumento arriva il mese successivo a quello del compimento dell'anzianità: ad esempio una persona assunta il 12 novembre 2012 avrà il primo scatto sulla retribuzione di dicembre 2014 (scatto biennale) o dicembre 2015 (scatto triennale).

L'importo degli scatti è stabilito dai contratti collettivi ed è diverso da livello a livello.

Il numero massimo di scatti è limitato dai contratti e l'eventuale periodo di apprendistato, di solito, non conta per la maturazione dell'anzianità.

In caso di passaggio dal livello di partenza ad un altro superiore[2], gli scatti vanno ricalcolati, ma seguendo i tempi ed i modi stabiliti da ogni contratto collettivo.

Indennità di disagio

Un altro fattore che i contratti collettivi riconoscono come importante è il disagio che comporta lo svolgimento di certi lavori in condizioni particolari.

Quindi i contratti prevedono una serie di indennità di disagio che vanno ad aggiungersi alla retribuzione minima per compensare la gravosità di certe condizioni lavorative.

Tra gli esempi concreti possiamo trovare le indennità per: lavori in galleria, lavori in alta montagna, indennità zona malarica (ovviamente per chi lavora all'estero), disagiata sede, pulizia scale ecc.

Queste indennità non vanno confuse con altri tipi di maggiorazioni che vengono date in altri casi di disagio lavorativo come il lavoro notturno o lo straordinario. Queste infatti sono calcolate sulla base delle reali ore lavorate e quindi si trovano nella parte centrale del cedolino paga.

---

[2] Il passaggio ad un livello inferiore è vietato dal Codice Civile ed è ammesso dalla giurisprudenza solo in rari casi.

Indennità di turno

La fatica del lavoro a turni viene compensata da alcuni contratti collettivi con un'indennità di turno che va ad aumentare la retribuzione minima.
Altri contratti, invece, scelgono di concedere riposi aggiuntivi ai lavoratori turnisti, mentre altri ancora pagano una maggiorazione sulle ore effettivamente lavorate. In tal caso il calcolo è nella parte centrale della busta paga.

Indennità professionali

Alcuni lavoratori vengono compensati per lo svolgimento di funzioni particolarmente professionali.
E' il caso ad esempio dei quadri, cioè quelle figure di collegamento tra la dirigenza e la produzione nelle grandi aziende che percepiscono un'indennità di funzione che va ad aggiungersi alla retribuzione minima.

Superminimo

Finora abbiamo parlato della retribuzione minima prevista dai contratti collettivi. Esiste anche una retribuzione massima?
I contratti collettivi si preoccupano di definire un livello minimo di retribuzione che garantisca al lavoratore di "mangiare" a fine mese[3].
NULLA VIETA AL LAVORATORE E ALL'AZIENDA DI ACCORDARSI PER UNA RETRIBUZIONE PIÙ ALTA.
Perché mai l'azienda dovrebbe dare dei soldi in più al lavoratore? Di solito perché il lavoratore ha un valore economico più elevato degli altri.
Anche i lavoratori, infatti, si muovono all'interno di un mercato in cui offrono i propri servizi alle aziende le quali, a loro volta, cercano di trovare le persone più adatte per i propri scopi.
In questo periodo storico il mercato è molto sbilanciato a favore delle aziende che possono scegliere i pochi lavoratori che gli servono in mezzo ad una massa enorme di persone sotto-occupate e disponibili a ricevere stipendi bassi e scarsa stabilità per avere un posto di lavoro.
Tuttavia certi lavoratori molto specializzati (panificatori, tornitori, saldatori, serramentisti, cuochi ecc.) sono richiestissimi dalle aziende che

---

[3] Come dice molto più poeticamente la nostra Costituzione "la retribuzione deve essere tale da assicurare al lavoratore e alla sua famiglia un'esistenza libera e dignitosa" (art. 36).

ne trovano molto pochi in giro e sono quindi disposte a "sganciare" qualcosa in più per assicurarseli.

Questa cifra aggiuntiva alla retribuzione minima si chiama supeminimo.

Altri nomi che può assumere il superminimo sono: ad personam, integrazione extra sindacale, premio individuale ecc.

A volte il superminimo è concesso come anticipo sui futuri aumenti contrattuali e viene quindi detto assorbibile; in tal caso può essere ridotto in occasione degli aumenti contrattuali della retribuzione minima, in tutti gli altri casi non può mai essere abbassato.

La retribuzione minima ed il superminimo vanno sommati per ottenere la retribuzione di riferimento.

Retribuzione di riferimento

Siamo quindi arrivati a stabilire il valore economico del lavoratore: la sua retribuzione di riferimento.

Questo dato è solitamente scritto sulla busta paga al termine della parte alta e può assumere vari nomi: retribuzione di fatto, retribuzione totale, retribuzione mensile ecc.

Questo ultimo nome è molto importante perché ci indica che questo valore è riferito alla mensilità.

Sapete già che ogni contratto collettivo prevede che un lavoratore venga pagato 13 o 14 volte l'anno; ogni volta il calcolo della sua retribuzione lorda (quella reale) è basato sulla retribuzione di riferimento mensile.

A volte si ha bisogno però di ragionare in termini di giorni o di ore, per cui la retribuzione di riferimento va riproporzionata sulla base del numero di giorni od ore del mese.

Siccome i mesi contengono un numero di ore e giorni molto variabile, ogni contratto stabilisce dei valori medi, fissi e intoccabili a cui fare riferimento.

Si tratta del divisore giornaliero e del divisore orario.

I divisori giornalieri sono diversi da contratto a contratto, tuttavia c'è un numero "magico" che si ritrova spesso: tanti contratti prevedono 26 come divisore giornaliero, cioè il numero medio di giorni in un mese.

O meglio, il numero medio di giorni retribuiti in un mese, perché ogni settimana vengono pagate 6 giornate[4], mentre non viene retribuito il

---

[4] Anche i lavoratori che lavorano 5 giorni alla settimana vengono retribuiti per 6 e

giorno di riposo settimanale.

Dividendo la retribuzione di riferimento mensile per il divisore giornaliero si ha la retribuzione di riferimento giornaliera.

Analogamente, dividendo la retribuzione di riferimento mensile per il divisore orario si ha la retribuzione di riferimento oraria.

Questi valori, che in genere non compaiono sulla busta paga, sono fondamentali però per calcolare la retribuzione lorda del dipendente.

RIASSUNTO

- Il Contratto Collettivo Nazionale di Lavoro stabilisce la retribuzione minima dei lavoratori
- La retribuzione minima dipende dal livello di professionalità del lavoratore (conseguente alle sue mansioni)
- La retribuzione minima dipende anche dall'anzianità di servizio del lavoratore, dalle indennità professionali e di disagio, dall'esistenza di contratti collettivi territoriali o aziendali
- Il lavoratore e l'azienda possono stabilire un superminimo che compensa il valore sul mercato del lavoratore
- Retribuzione di riferimento mensile = retribuzione minima + superminimo
- Retribuzione di riferimento giornaliera = retribuzione di riferimento mensile / divisore giornaliero
- Retribuzione di riferimento oraria = retribuzione di riferimento mensile / divisore orario
- La retribuzione di riferimento non è la retribuzione lorda

COMPITI A CASA

So che siete molto impegnati nella vita, ma vi chiedo un piccolo sforzo per memorizzare questi concetti che altrimenti volano via facilmente.

Non passate al prossimo capitolo senza aver fatto i compiti!

Prendete la lettera d'assunzione ed individuate:
1) il ccnl applicato nella vostra azienda
2) il vostro livello (potrebbe essere aumentato nel corso degli anni)

---

questo crea un po' di confusione. Specie quando parleremo di ferie. Alcuni contratti hanno risolto il problema prevedendo due divisori diversi per chi lavora 5 o 6 giornate.

Prendete il vostro ccnl su Internet (o ancora meglio andatelo a comprare in libreria) e cercate:
1) le declaratorie dei livelli professionali
2) la tabella con le retribuzioni minime per i vari livelli (potete anche cercare direttamente la tabella su Internet senza passare per il ccnl)
3) la tabella con gli scatti di anzianità

Prendete la vostra busta paga ed individuate:
1) le varie voci che compongono la retribuzione minima
2) la retribuzione di riferimento mensile (su alcune buste potrebbero essere indicati i valori orari e non quelli mensili)
Ora confrontate le voci che compongono la vostra retribuzione minima con quelle del ccnl.
Coincidono? Se sì, bene.
Se no potrebbero essere successe le seguenti cose:
- Il Consulente del Lavoro ha sommato alcune voci della retribuzione minima tutte insieme (controllate se la somma torna)
- Alcune voci sono stabilite da un contratto territoriale (provate a scaricarlo da Internet sul sito di un sindacato della vostra regione)
- Alcune voci provengono dalla storia della contrattazione collettiva e sono stabilite da un articolo "nascosto" all'interno del ccnl (provate a trovarlo nella parte retributiva del vostro contratto)
- Le indennità sono un po' complicate da calcolare (ad esempio per i portieri degli stabili o gli operai edili)
E' molto difficile che ci siano degli errori nella parte alta del cedolino perché i software la calcolano basandosi su tabelle affidabili.
Tuttavia ricordatevi che domandare informazioni all'azienda (con cortesia, calma e con lo scopo di chiarire) è lecito.

Prima di passare alla parte centrale del cedolino, bisogna capire quali sistemi di calcolo della retribuzione esistono.

3. QUALI SISTEMI DI RETRIBUZIONE ESISTONO?

Ora che abbiamo stabilito la retribuzione di riferimento so che siete ansiosi di leggere la parte centrale del cedolino, ma non possiamo ancora farlo perché esistono ben tre diversi metodi che possono essere utilizzati per il calcolo della retribuzione lorda. In particolare:
- – sistema orario
- – sistema mensilizzato
- – sistema a cottimo

Ognuno di questi sistemi serve a valutare gli eventi accaduti nella vita lavorativa del dipendente in ogni mese, così come riportati sul calendario e ad assegnare una retribuzione reale a ciascuno di essi.

I contratti collettivi stabiliscono a quali lavoratori vada applicato ognuno di questi sistemi

Sistema di paga oraria

Questo sistema è molto facile da comprendere: ogni singola ora di lavoro viene pagata al dipendente. Quindi a fine mese si effettua una somma delle ore effettivamente lavorate nel mese e la retribuzione lorda è pari al numero di ore lavorate per il valore economico della singola ora, cioè la retribuzione di riferimento oraria.

Ovviamente le ore di lavoro in condizioni particolari (ad esempio il lavoro festivo o lo straordinario) e le assenze (ad esempio i permessi o la maternità) complicheranno questo calcolo, ma il principio base rimane sempre lo stesso: OGNI SINGOLA ORA VA VALUTATA E RETRIBUITA A SÉ.

Questo semplice sistema è, in realtà, molto lungo da applicare in sede di calcolo dei cedolini e quindi sta venendo progressivamente abbandonato in favore del più comodo sistema mensilizzato.

Il sistema orario è comunque ancora in vigore per molti operai e per tutti i lavoratori "somministrati" (quelli delle agenzie di somministrazione o interinali).

Sistema di paga mensilizzata

Questo sistema parte da un principio di semplificazione: il 90% degli eventi che capitano ad un lavoratore in un mese rientrano in uno dei seguenti 4 casi standard:

- lavoro ordinario,
- ferie,
- permessi retribuiti,
- festività infrasettimanali.

So che non abbiamo ancora parlato di questi concetti, ma probabilmente ne avete già una vaga idea.

Il sistema mensilizzato ASSEGNA UNA RETRIBUZIONE FISSA AL DIPENDENTE TUTTI I MESI indipendente dalle ore di lavoro effettive E VA A MODIFICARLA SOLO SE SUCCEDE QUALCOSA CHE NON RIENTRA IN UNO DEI 4 CASI STANDARD.

In pratica se un dipendente fa solo quelle 4 cose in un mese, la sua retribuzione lorda coincide con la retribuzione di riferimento mensile.

Questo sistema è comodissimo per chi elabora le paghe perché comporta molti meno calcoli e sta progressivamente sostituendo il sistema orario. E' il sistema tipico degli impiegati, quadri e dirigenti che oggi si adotta anche per molti operai.

So che questa idea di una retribuzione che non tiene conto delle ore lavorate spaventa molti di voi e forse credete che non sia giusto pagare i dipendenti a forfait, ma vi assicuro che il risultato economico finale dei due sistemi che abbiamo visto finora è molto simile tra loro.

Sistema a cottimo

Questo sistema lega la retribuzione alla produzione del dipendente. Più il dipendente produce, più viene pagato.

Questo sistema è ormai usato molto raramente in Italia e quindi non ne parleremo in questo libro.

Esempio di cedolino orario

Prendiamo il caso di un lavoratore con sistema di paga oraria che nel mese di ottobre 2012 lavora regolarmente senza assenze, né straordinari. Nel mese accumula 184 ore di lavoro.

Supponiamo che la sua paga di riferimento mensile sia di 1.300 euro e il divisore orario previsto dal suo contratto collettivo sia 170, quindi la sua retribuzione di riferimento oraria è:

$$1.300 / 170 = 7,65 \text{ euro/ora}$$

Avendo lavorato 184 ore, la sua retribuzione lorda sarà:

$$7,65 \times 184 = 1.407,60 \text{ euro}$$

Bravi! Avete appena fatto il vostro primo cedolino! Complicato? Spero di no, dopotutto sono bastate solo una divisione ed una moltiplicazione.

Siccome vogliamo leggere la nostra vera busta paga cerchiamo di riportare questi calcoli nella parte centrale di un cedolino reale che sarà fatto più o meno così:

```
001 LAV.ORD.            184      7,65     1407,60
```

Non spaventatevi, gli stessi dati che abbiamo semplicemente calcolato sopra sono riportati in una forma diversa sul cedolino. Come vedete la parte centrale della busta paga è sempre suddivisa in colonne e, per questo, è facilmente riconoscibile su tutte le buste.

Cerchiamo di capire il significato di ogni colonna:

1^ colonna: appare un numero misterioso (001 nel nostro esempio) che è il codice che ogni software paghe utilizza per identificare le varie voci che appaiono su un cedolino. Questo codice non ci interessa assolutamente per la lettura della busta paga e nel seguito del libro lo ometteremo.

2^ colonna: viene descritta in maniera sintetica il tipo di cifra che stiamo calcolando, nell'esempio precedente "lav. ord." cioè il lavoro ordinario. Questa descrizione è detta voce, variazione o causale e ce ne possono essere molte nella parte centrale di un cedolino perché ad ogni tipo di evento lavorativo corrisponde una voce con un criterio di calcolo specifico. L'analisi delle varie voci sarà l'argomento dei prossimi capitoli.

3^ colonna: nell'esempio viene riportato il numero di ore lavorate (184) e, quindi, da retribuire nel mese. In generale questa colonna serve a capire la quantità di ore, giornate, mensilità o eventi da retribuire per quella specifica voce.

4^ colonna: è la retribuzione di riferimento per quella specifica voce. In questo caso è la retribuzione di riferimento oraria (7,65), in generale sarà la retribuzione presa come base di calcolo per ogni singola voce.

5^ colonna: è l'importo che va a comporre la retribuzione reale del dipendente e viene calcolato come il prodotto della 3^ e della 4^ colonna. Questo valore è detto competenza oppure, se viene sottratto dalla retribuzione lorda per uno dei motivi che vedremo, è detto trattenuta[5].

---

[5] Le trattenute della parte centrale del cedolino vanno a diminuire la retribuzione lorda, mentre le trattenute della parte bassa lasciano inalterata la retribuzione lorda e vanno a diminuire quella netta.

La retribuzione lorda è la somma di tutte le competenze e trattenute indicate nelle voci della parte centrale del cedolino.

Esempio di cedolino mensilizzato
Lo stesso lavoratore dell'esempio precedente viene pagato ora con il sistema mensilizzato.
All'interno del mese non ha fatto nulla di diverso dai 4 casi standard (ha svolto solo lavoro ordinario), quindi la sua retribuzione lorda coincide con la retribuzione di riferimento mensile di 1.300 euro.
Fatto! Abbiamo risparmiato due calcoli; il tempo di elaborazione di un cedolino mensilizzato è di conseguenza minore e, quindi, il costo per chi lo elabora è più basso.
Capite bene ora perché si tende ad utilizzare questo sistema.
Riportiamo questo calcolo nella parte centrale di un cedolino che sarà più o meno così:

```
LAV.ORD.              1   1300,00    1300,00
```

Il significato delle colonne è lo stesso del cedolino orario. In particolare qui il numero 1 si riferisce al numero di mensilità che vengono retribuite ed il primo 1.300,00 alla retribuzione di riferimento mensile.
In realtà, per brevità, a volte i software paghe omettono queste due cifre e scrivono direttamente così:

```
LAV.ORD.                          1300,00
```

Esistono altri due modi diversi di scrivere esattamente la stessa cosa. C'è chi passa attraverso la retribuzione di riferimento giornaliera e scrive così:

```
LAV.ORD.             26    50,00    1300,00
```

dove 50,00 è la retribuzione di riferimento giornaliera che deriva da 1.300 / 26 (essendo 26 è il divisore giornaliero previsto dal contratto).
Altri utilizzano la retribuzione di riferimento oraria e scrivono così:

```
LAV.ORD.            170     7,65    1300,00
```

Mi raccomando, non fatevi trarre in inganno dal fatto che siano scritte delle ore: il cedolino è sempre mensilizzato perché non sono le ore realmente lavorate, ma quelle del divisore orario fisso.

Si utilizza questa cifra "virtuale" in modo da far comparire nell'ultima colonna la retribuzione di riferimento mensile.

Perché complicarsi la vita in questo modo? Perché, come vedremo in seguito, quando si dovranno applicare delle trattenute nella parte centrale, il cedolino risulterà molto più facilmente leggibile.

Un'ultima considerazione: la retribuzione lorda del dipendente mensilizzato nel nostro esempio è più bassa di ben 107,60 euro rispetto a quella del lavoratore orario.

Stiamo rubando qualcosa al mensilizzato? Il sistema orario è più vantaggioso? No, abbiamo semplicemente scelto l'esempio di un mese con parecchie ore lavorative. Se avessimo scelto febbraio, il dipendente a paga oraria avrebbe avuto una retribuzione lorda decisamente inferiore. Nell'arco dell'anno i due sistemi all'incirca si equivalgono.

RIASSUNTO

- Per calcolare la retribuzione lorda i contratti collettivi scelgono un sistema di paga
- Nel sistema orario ogni singola ora di lavoro o di assenza viene valutata e retribuita
- Nel sistema mensilizzato viene sempre data al lavoratore la retribuzione di riferimento mensile e vengono valutate singolarmente solo le ore che non rientrano nei 4 casi standard: lavoro ordinario, ferie, permessi retribuiti, festività infrasettimanali
- La parte centrale del cedolino è suddivisa in colonne: descrizione voce, quantità (giorni, ore o eventi), base di calcolo (retribuzione di riferimento), competenza o trattenuta
- La retribuzione lorda è la somma di tutte le competenze e trattenute della parte centrale del cedolino

COMPITI A CASA

Individuate sul vostro ccnl o su una tabella riassuntiva i divisori giornaliero e orario.

Calcolate, quindi, la vostra retribuzione di riferimento giornaliera ed oraria.

Questi valori compaiono da qualche parte sulla busta paga? A volte sì, ma non sempre.

La vostra busta paga è calcolata con il sistema mensilizzato od orario? C'è un trucco per capirlo: il lavoro ordinario vi viene pagato sulla base delle ore effettivamente svolte o no?

Se non c'è relazione tra ore ordinarie effettivamente svolte e retribuzione, siete a paga mensilizzata. Provate, come esercizio, a calcolare la vostra retribuzione lorda con il sistema orario (basandovi per il momento solo sul lavoro ordinario).

Se siete a paga oraria potete fare il calcolo inverso trasformandola in paga mensilizzata, ma è ovviamente molto più semplice.

Compare da qualche parte sul cedolino la retribuzione lorda? Potrà stupirvi, ma certi software paghe non la scrivono.

Siamo finalmente pronti ad analizzare le molte voci che compongono la parte centrale della busta paga e descrivono quello che il lavoratore ha "combinato" nel mese.

4. LA PARTE CENTRALE: COSA E' SUCCESSO QUESTO MESE?

Questo capitolo descrive le voci più importanti che possono comparire nella parte centrale della busta paga ed i metodi per calcolare la retribuzione di ognuna di esse.

Vi ricordo che in questa parte del cedolino viene descritto nel dettaglio ciò che il dipendente ha fatto nel mese, le sue prestazioni lavorative e le eventuali assenze e viene quindi assegnata una retribuzione reale ad ognuna di queste voci.

La somma delle retribuzioni reali di ogni voce è la RETRIBUZIONE LORDA.

Le voci utilizzate sono centinaia, ma possiamo raggrupparle in 4 grandi categorie:

- Lavoro ordinario
- Lavoro straordinario
- Assenze
- Varie

4.1. LAVORO ORDINARIO

Immagino che abbiate già un'idea di cosa siano il lavoro ordinario e lo straordinario.

In breve, il lavoro ordinario È QUELLO ESEGUITO ALL'INTERNO DEL NORMALE ORARIO DI LAVORO DEL DIPENDENTE.

Fino a qualche anno fa l'orario normale era facilmente individuabile perché ogni lavoratore era sottoposto ad un orario fisso, cioè doveva essere sul posto di lavoro ad una certa ora ed uscire dall'azienda ad un'altra.

Se non si presentava al lavoro all'ora fissata era considerato assente (giustificato o meno), se rimaneva al lavoro dopo il termine dell'orario si considerava una prestazione di lavoro straordinario.

Questo sistema non è scomparso, visto che per tanti lavoratori è ancora così[6], ma molti altri vivono nell'era della flessibilità in cui gli orari sono decisamente più variabili.

---

[6] Anche i lavoratori a turni sono considerati ad orario fisso, seppure particolare perché costituito da un ciclo prestabilito e ripetitivo.

Per chi applica regimi di _flessibilità giornaliera_, rimane fissato il numero di ore lavorative in ogni giornata, ma l'orario di entrata e di uscita possono variare entro un intervallo di tempo stabilito dall'azienda (ad esempio, giornata di lavoro da 8 ore con entrata tra le 8 e le 9, uscita tra le 16.30 e le 18.30 con una pausa minima di 30 minuti e massima di 2 ore).

Questo sistema viene incontro alle esigenze dei dipendenti che possono conciliare esigenze personali e familiari con il lavoro.

In questo caso è considerato straordinario il lavoro eseguito oltre il numero di ore giornaliere previste (nel nostro esempio, le ore lavorate dopo le 8 previste).

Sono considerate ore di assenza quelle non lavorate all'interno dell'orario giornaliero (nell'esempio, si ha un'assenza se il lavoratore svolge meno di 8 ore in una giornata).

Più complessa è la situazione di chi applica regimi di _flessibilità settimanale_.

In questo caso l'azienda fissa il numero di ore settimanali di lavoro da raggiungere, indipendentemente da come vengono distribuite nell'arco della settimana.

Chiaramente in questo caso il vantaggio è dalla parte dell'azienda che può utilizzare come meglio crede le prestazioni lavorative a seconda delle proprie esigenze, previo congruo preavviso al dipendente.

Per questi lavoratori lo straordinario scatta al superamento della soglia settimanale di ore lavorate. Ad esempio se un lavoratore deve effettuare 40 ore di lavoro settimanale, lo straordinario scatta all'inizio della 41^ ora.

Le ore non lavorate possono essere considerate assenze oppure possono compensare le ore lavorate in più.

Ad esempio, se un lavoratore fa ferie il lunedì e lavora 40 ore da martedì a sabato, l'azienda può considerare tutte le 40 ore come ordinarie e non togliere nessun giorno di ferie dalla dotazione annua del dipendente che rimane inalterata.

In queste aziende molto flessibili devono comunque esistere delle regole chiare e note a tutti per stabilire come devono essere conteggiate le ore di lavoro e di assenza.

In tutti questi casi, comunque, il numero di ore settimanali di lavoro ordinario non può superare quello stabilito dai contratti collettivi.

La maggior parte dei contratti collettivi fissa in 40 ore settimanali il limite del lavoro ordinario.

Tale limite, per legge, può essere più alto solo nei casi di quei lavoratori che svolgono mansioni caratterizzate da periodi di attesa (pensate ai custodi o ai benzinai), mentre può benissimo esserne previsto uno più basso (nei contratti statali si arriva a 36 ore).

Ora che abbiamo stabilito cos'è il lavoro ordinario non ci resta che vedere come inserirlo nella busta paga.

In realtà abbiamo già trattato di questo nel capitolo precedente e dovreste ricordare come viene pagato il lavoro ordinario nel sistema mensilizzato ed in quello orario.

Sulla vostra busta paga il lavoro ordinario potrebbe non essere indicato con questo nome, ma magari come retribuzione ordinaria, retribuzione mensile, retribuzione fissa, importo ordinario ecc.

Esistono, comunque, casi in cui al lavoro ordinario va aggiunto un compenso ulteriore per premiare chi lavora in condizioni particolarmente scomode come la notte o la domenica.

Lavoro ordinario notturno e festivo

Chi lavora durante le notti o le domeniche subisce un particolare disagio che viene compensato con una maggiorazione della retribuzione prevista dai contratti collettivi.

Chiaramente qui stiamo parlando di lavoratori che abitualmente lavorano di notte o la domenica e per i quali queste prestazioni lavorative rientrano nel normale orario di lavoro.

Se capire cosa si intenda per lavoro domenicale è abbastanza intuibile, più difficile è la definizione di lavoro notturno: quando inizia e finisce la notte? I contratti collettivi fissano dei limiti certi stabilendo da che ora e fino a che ora si possa parlare di "notte".

Alcuni addirittura dividono la notte in due fasce stabilendo una maggiorazione ancora più alta per il lavoro di notte "fonda".

In entrambi i sistemi di paga, a questi lavoratori vanno retribuiti sia il compenso normale per le ore di lavoro ordinario svolto di notte o di domenica, sia la maggiorazione per il disagio.

Il calcolo è però diverso nei due sistemi.

Sistema orario

Supponiamo che il lavoratore dell'esempio precedente abbia lavorato 32 ore ordinarie di domenica e 46 ore ordinarie di notte.

Il totale delle ore ordinarie del mese è sempre di 184.

Il ccnl prevede la maggiorazione del 10% per le domeniche e del 20% per le notti.

Come paghiamo questo dipendente?

Le ore di lavoro ordinario "puro", cioè quelle svolte né di notte, né di domenica, sono 184 – 32 – 46 = 106 e sono pagate come già visto a 7,65 euro/ora.

Le 32 ore di domenica vanno pagate con una maggiorazione del 10%, quindi la retribuzione di riferimento oraria di 7,65 euro va aumentata del 10%.

Con l'ausilio della nostra calcolatrice scopriamo che:

$$(7,65 \times 10\%) + 7,65 = 8,42 \text{ euro/ora}^7$$

Analogamente per le 46 ore notturne al 20% calcoliamo:

$$(7,65 \times 20\%) + 7,65 = 9,18 \text{ euro/ora}$$

Ovviamente tali valori vanno moltiplicati per il numero di ore lavorate; lo facciamo direttamente sul cedolino che risulta:

```
LAV.ORD.          106     7,65      810,90
ORD.FEST.10%       32     8,42      269,44
ORD.NOTT.20%       46     9,18      422,28
```

La 2^ colonna riporta il numero di ore lavorate per ogni voce, la 3^ colonna la base di calcolo che abbiamo individuato sopra, la 4^ colonna il prodotto della 2^ e della 3^, cioè la competenza per ogni voce.

La retribuzione lorda del mese sarà pari alla somma delle competenze:

$$810,90 + 269,44 + 422,28 = 1.502,62$$

Non spaventatevi del fatto che nella seconda riga è scritto "ord.fest." invece di "ord.dom." perché la maggiorazione per lavoro ordinario festivo che vedremo più avanti, di solito coincide con quella della domenica.

---

[7] Se siete bravi in matematica sapete che esistono sistemi più veloci per calcolare le percentuali, ma questo è quello che dà meno possibilità di commettere errori a chi non è abilissimo con i numeri.

Sistema mensilizzato

Come detto prima, è ovvio che occorre pagare al dipendente sia il compenso normale per le ore di lavoro ordinario svolto di notte o domenica, sia la maggiorazione per il disagio.

La domanda da farsi sempre nel sistema mensilizzato è: COSA NON RIENTRA NEI 4 CASI STANDARD? Il lavoro ordinario vi rientra sempre, quindi in questo caso è solo la maggiorazione per il disagio che non vi è compresa.

In altre parole il compenso per lavoro ordinario è già incluso nella retribuzione di riferimento mensile a cui va aggiunta solo la maggiorazione per il disagio domenicale o notturno.

Riprendendo l'esempio precedente, al lavoratore, oltre alla sua retribuzione mensile, va pagata la maggiorazione del 10% per il lavoro domenicale così calcolata:

$$7,65 \times 10\% = 0,77 \text{ euro/ora}$$

Va pagata anche la maggiorazione del 20% per lavoro notturno:

$$7,65 \times 20\% = 1,53 \text{ euro/ora}$$

Il cedolino quindi risulta:

```
LAV.ORD.                              1300,00
ORD.FEST.10%        32      0,77        24,64
ORD.NOTT.20%        46      1,53        70,38
```

Per una retribuzione lorda di

$$1.300 + 24,64 + 70,38 = 1.395,02$$

L'obiezione che sorge spontanea a questo punto è: perché devo sacrificare tutte le domeniche alla mia vita personale per soli 24 euro lordi al mese?

Se avete capito tutto il ragionamento fatto fin qua vi sarete accorti che è una domanda mal posta, perché il dipendente non è pagato solo 24 euro per lavorare alla domenica, ma il compenso normale per la domenica (molto più alto) è compreso nei 1.300 euro e quindi non è evidenziato sul cedolino, ma c'è e viene regolarmente pagato.

La domanda corretta è la seguente: perché devo sacrificare tutte le domeniche alla mia vita personale per soli 24 euro lordi IN PIÙ al mese?

E la risposta dipende ovviamente dalla vostra vita personale e dalla possibilità di non lavorare alla domenica (per i camerieri, ad esempio, è molto difficile).

RIASSUNTO
- Il lavoro ordinario è quello eseguito durante il normale orario di lavoro
- L'orario di lavoro è stabilito dall'azienda con vari sistemi ed ha dei limiti imposti dalla legge e dai contratti collettivi
- Il lavoro ordinario notturno o domenicale va compensato con una maggiorazione stabilita dai contratti collettivi
- Nel sistema orario le ore notturne o domenicali sono pagate con il compenso normale più la maggiorazione
- Nel sistema mensilizzato accade lo stesso, ma il compenso normale è già compreso nella retribuzione di riferimento mensile e quindi non è evidenziato sul cedolino

COMPITI A CASA
Cercate sul vostro ccnl le maggiorazioni per lavoro ordinario domenicale e notturno.

Se lavorate in queste occasioni, provate a calcolare la retribuzione che vi spetta per un'ora di lavoro domenicale o notturno e guardate se coincide con quella pagata dall'azienda.

Se non coincide assicuratevi che stiate guardando nel posto giusto del ccnl (non confondete le maggiorazioni per il lavoro ordinario con quelle per lo straordinario).

4.2. LAVORO STRAORDINARIO

Il concetto di <u>lavoro straordinario</u> è molto semplice: TUTTO CIÒ CHE NON È ORDINARIO È STRAORDINARIO.

Ovvero tutte le ore di lavoro che superano l'orario normale di lavoro sono considerate straordinarie.

Abbiamo già discusso dei vari sistemi di flessibilità e di come possano essere stabiliti in varia maniera i limiti all'orario normale di lavoro. Ciò che supera tali limiti è considerato straordinario.

Lo straordinario è svolto su richiesta e autorizzazione dell'azienda entro un numero di ore massimo stabilito dai contratti collettivi che possono anche imporre ulteriori limiti (preavviso dato dall'azienda al dipendente, motivi legittimi di rifiuto ecc.).

In ogni caso ci sono dei limiti imposti dalla legge alla quantità di lavoro totale[8]:

- non può mai superare le 48 ore settimanali medie calcolate su un arco temporale di 4 mesi

- ogni giorno ci deve essere un periodo di riposo di almeno 11 ore consecutive (detto <u>riposo giornaliero</u>)

- ogni 7 giorni ci deve essere un periodo di riposo aggiuntivo di 24 ore consecutive (detto <u>riposo settimanale</u>).

Parleremo più avanti nello specifico dei riposi.

In generale, se l'azienda rispetta i limiti imposti dalla legge e dal contratto, il lavoratore a tempo pieno non può rifiutarsi di fare straordinario.

A seconda delle norme contenute nei contratti collettivi e degli accordi aziendali, lo straordinario può essere retribuito in tre modi diversi:

- pagamento diretto

- sistema della "banca ore"

- straordinario forfettizzato

Analizzeremo questi sistemi tenendo presente che il pagamento e l'esposizione sul cedolino sono identici sia nel sistema mensilizzato che in

---

[8] Sono esclusi da queste previsioni alcuni lavoratori come: gente di mare, personale di volo, lavoratori mobili, forze armate, servizi di polizia e simili, guardie giurate, vigili del fuoco, custodi statali, vigilanti, personale della scuola, colf (in quanto esistono normative specifiche per tutti questi settori), personale direttivo, lavoratori a domicilio, telelavoratori (questi lavoratori possono stabilire autonomamente il proprio orario di lavoro).

quello orario.

Pagamento diretto dello straordinario

E' il sistema più semplice e più utilizzato: ogni ora di straordinario viene retribuita nel mese in cui è svolta.

Le ore di straordinario vengono retribuite SIA CON IL COMPENSO NORMALE PER LE ORE DI LAVORO SVOLTE IN PIÙ, SIA CON UNA MAGGIORAZIONE STABILITA DAI CONTRATTI COLLETTIVI.

Tale maggiorazione è differenziata in base al disagio procurato dalle diverse prestazioni straordinarie.

Ad esempio, le prestazioni straordinarie notturne sono più gravose di quelle diurne e quindi avranno una maggiorazione più alta, così come gli straordinari festivi avranno una maggiorazione superiore a quelli non festivi.

Ogni contratto collettivo stabilisce una "classifica" dei disagi e una serie di maggiorazioni differenti per compensarli.

Esempio

Un lavoratore effettua 10 ore di straordinario diurno (nei giorni compresi tra lunedì e sabato), 4 ore di straordinario domenicale e 8 ore di notturno.

Il ccnl prevede la maggiorazione del 25% per il diurno, del 30% per il domenicale e del 50% per il notturno.

Se il nostro lavoratore ha la solita retribuzione di riferimento oraria di 7,65 euro (ricordatevi che è solo un esempio), come gli paghiamo lo straordinario?

Le ore diurne saranno pagate così:

$$(7,65 \times 25\%) + 7,65 = 9,56 \text{ euro/ora}$$

Le ore domenicali:

$$(7,65 \times 30\%) + 7,65 = 9,95 \text{ euro/ora}$$

Le ore notturne

$$(7,65 \times 50\%) + 7,65 = 11,48 \text{ euro/ora}$$

Queste voci verranno riportate sul cedolino così:

```
STR.25%            10      9,56      95,60
STR.FEST.30%        4      9,95      39,80
STR.NOTT.50%        8     11,48      91,84
```

Come già detto, queste voci sono identiche nel sistema mensilizzato ed in quello orario, perché lo straordinario non fa parte dei 4 casi standard.

E se un'ora viene svolta alla domenica notte? Viene pagata la maggiorazione del 30%, del 50%, oppure si sommano le due e si paga l'80%?
C'è una regola molto semplice: DEVE ESSERE PAGATA LA SOLA MAGGIORAZIONE PIÙ ALTA, nel nostro caso il 50%.
Si dice che "la maggiorazione maggiore assorbe la minore", in altre parole ogni ora di straordinario va pagata una volta sola con la più alta delle maggiorazioni applicabili.
Il caso è più frequente di quanto si pensi perché molti contratti collettivi stabiliscono numerose casistiche di lavoro straordinario che spesso si intrecciano fra di loro.
Ad esempio è comune prevedere una maggiorazione diversa per le prime ore di straordinario settimanali e per quelle successive. Così come può esserci una maggiorazione particolare per lo straordinario di sabato o per quello svolto dai lavoratori turnisti.
Insomma, ogni contratto è sovrano nell'individuare i vari tipi di straordinario che spesso si sovrappongono, ma possono essere pagati con una sola maggiorazione.
In ogni caso, tutte le ore di straordinario effettuate nel periodo di riferimento devono comparire sulla busta paga.

Banca ore
Alcuni contratti ed accordi aziendali prevedono un sistema completamente diverso: le ore di straordinario non vengono pagate subito.
Vengono conteggiate ed accumulate in un conto a parte detto banca ore.
Ogni mese, quindi, non compare nella parte centrale alcun pagamento per le ore di straordinario, ma viene semplicemente segnalato il numero delle ore svolte.
E' una fregatura? No, perché se un dipendente ha bisogno di assentarsi dal lavoro (d'accordo con l'azienda), le ore di assenza non gli vengono né trattenute dalla busta paga, né scalate dalla sua dotazione annuale di ferie o permessi; viene invece regolarmente retribuito durante l'assenza e le ore non lavorate sono sottratte dalla banca ore.
In pratica TUTTE LE ORE LAVORATE IN PIÙ VANNO AD

AUMENTARE LA BANCA ORE, LE ORE IN MENO VANNO A DIMINUIRLA.

Dopo un certo periodo di tempo, stabilito dai contratti collettivi, si effettua il saldo, cioè le ore ancora presenti in banca ore vanno retribuite al dipendente con le maggiorazioni previste dai contratti (come ore straordinarie).

Esempio

Un lavoratore fa 20 ore di straordinario a gennaio, nel mese di febbraio si assenta per 12 ore e lavora altre 15 ore straordinarie a marzo.

Il ccnl prevede di effettuare il saldo ogni trimestre, quindi in questo caso a marzo, e di retribuire la banca ore con una maggiorazione del 30%.

Per comodità utilizzo il sistema mensilizzato, ma il ragionamento è identico nel sistema orario.

Il cedolino di gennaio sarà:

```
LAV.ORD.                            1300,00
BANCA ORE              20
```

Le ore di straordinario non vengono pagate, ma accumulate in banca ore che quindi a gennaio è di 20 ore.

Il cedolino di febbraio sarà:

```
LAV.ORD.                            1300,00
RECUPERO BANCA ORE     12
```

Le ore di assenza vengono sottratte dalla banca ore, ma non dai permessi o dalle ferie spettanti al dipendente, né sono trattenute dalla busta paga.

La banca ore a febbraio è di 20 – 12 = 8 ore.

Il cedolino di marzo sarà:

```
LAV.ORD.                            1300,00
BANCA ORE              15
```

La banca ore a marzo è di 8 + 15 = 23 ore. Siccome il ccnl prevede il saldo trimestrale, queste ore vanno retribuite con la maggiorazione del 30% sul cedolino di marzo.

Ogni ora varrà:

$$(7,65 \times 30\%) + 7,65 = 9,95 \text{ euro/ora}$$

Quindi al cedolino di marzo andrà aggiunta la seguente voce:

```
SALDO BANCA ORE        23      9,95       228,85
```

Norme particolari per la banca ore

I contratti collettivi possono prevedere alcune norme particolari per la gestione della banca ore.

Alcuni, ad esempio, stabiliscono che non tutte le ore di straordinario possano entrare nella banca ore, ma solo una o due al giorno.

Altri mettono un limite al numero massimo di ore annue che possono rientrare in banca ore, dopodiché lo straordinario va pagato direttamente; altri ancora prevedono che ogni ora di straordinario eseguita vada accumulata in banca ore con una maggiorazione (ad esempio per ogni ora di straordinario se ne accumulano 1,25 in banca ore).

Alcuni contratti prevedono che venga comunque pagata direttamente al dipendente la sola maggiorazione per le ore che si accumulano in banca ore.

Altre previsioni riguardano lo straordinario particolarmente disagiato (notte, domenica ecc.) che, spesso, va pagato direttamente e non può rientrare nella banca ore.

Il sistema della banca ore è particolarmente comodo per le aziende che hanno periodi di lavoro molto intenso alternati a periodi tranquilli (pensate ai negozi che lavorano intensamente nel periodo di Natale o a chi produce gelati).

In generale, comunque, questo sistema non è svantaggioso per il dipendente rispetto a quello del pagamento diretto.

Straordinario forfetizzato

In alcune aziende esistono accordi che prevedono il pagamento di una somma mensile fissa per lo straordinario, indipendentemente dal numero di ore effettivamente svolte.

E' il cosiddetto straordinario forfetizzato che, a seconda degli accordi, può essere messo nella parte alta del cedolino e, quindi, rientrare nella retribuzione di riferimento mensile, oppure nella parte centrale.

In pratica si paga al dipendente una cifra fissa basata sulla media delle ore di straordinario svolte in passato o che si prevede il lavoratore svolgerà in futuro.

Se questa media viene effettivamente rispettata, il dipendente non subisce alcun danno economico e quindi non ha diritto a contestare questo sistema (nemmeno in quei mesi in cui svolge più ore di straordinario della media).

Se, invece, questa media è più bassa della media effettiva delle prestazioni straordinarie, il dipendente sta subendo un danno economico ed ha tutti i motivi per lamentarsi con l'azienda.

RIASSUNTO
- Il lavoro straordinario è quello prestato oltre l'orario di lavoro normale
- Se viene pagato direttamente, tutte le ore di straordinario svolte nel periodo di riferimento vanno retribuite in busta paga con la relativa maggiorazione
- Se si applica la banca ore, lo straordinario non viene retribuito, ma accumulato in banca ore
- In questo caso, le assenze concordate con l'azienda non vengono trattenute al lavoratore, né scalate dai permessi o dalle ferie, ma regolarmente retribuite e tolte dalla banca ore
- Al termine del periodo stabilito dai contratti collettivi si procede al pagamento del saldo della banca ore con le norme previste da ogni contratto
- Lo straordinario forfetizzato è ammesso se c'è un accordo e non danneggia il dipendente

COMPITI A CASA
Reperite sul vostro ccnl le percentuali di maggiorazione per ogni caso di straordinario.

Se lo straordinario vi viene pagato direttamente, provate a calcolare la retribuzione per ogni ora di straordinario che vi spetta nei vari casi.

Coincide con quella pagata dall'azienda?

Se sì bene, se no verificate nuovamente le percentuali di maggiorazione previste dal contratto.

Avete preso quelle giuste? Ricordatevi che ci sono molti casi diversi e quindi può essere un po' complicato stabilire quelle che si applicano a voi.

Se adottate il sistema della banca ore, accertatevi che le ore da accumulare o da togliere dalla banca vengano stampate sul cedolino o vi vengano comunicate comunque per iscritto.

Guardate sul ccnl quale percentuale di maggiorazione si applica al saldo e quali ore vanno retribuite subito, senza finire in banca ore.

4.3. LE ASSENZE DAL LAVORO

Sono numerosi i casi in cui un dipendente può legittimamente assentarsi dal lavoro.

In questo paragrafo affronteremo quelli più comuni e facilmente calcolabili lasciando da parte alcuni casi complicati di cui parleremo nel capitolo 6.

Riposo giornaliero

I lavoratori hanno diritto ad UN RIPOSO DI 11 ORE CONSECUTIVE TRA LA FINE DI UNA GIORNATA LAVORATIVA E L'INIZIO DELLA SUCCESSIVA.

In alcuni settori particolari si possono avere dei riposi giornalieri ridotti purché compensati con riposi più lunghi nelle giornate successive, secondo le regole stabilite dai contratti collettivi.

Il riposo giornaliero è un diritto del lavoratore che riguarda la tutela della sua salute e quindi non può essere negato dall'azienda.

Non è retribuito e non compare in busta paga.

Riposo settimanale

I lavoratori hanno diritto ad un riposo di 24 ore consecutive ogni settimana che deve essere attaccato al riposo giornaliero, quindi ALMENO 35 ORE DI INTERRUZIONE LAVORATIVA OGNI SETTIMANA.

I contratti possono prevedere casi di riduzione del riposo settimanale, ma le ore perse vanno recuperate entro la settimana successiva.

Anche il riposo settimanale è un diritto del lavoratore che riguarda la sua salute e quindi non può essere negato dall'azienda.

Per la maggior parte dei lavoratori coincide con la domenica, ma per molti altri è fissato in un giorno diverso.

Chi lavora a turni ha un calendario predefinito dei riposi settimanali, mentre in aziende con orari particolarmente flessibili il riposo può cadere in giorni sempre diversi, purché siano rispettati i limiti di legge e contratto collettivo.

I lavoratori di fede Ebraica e Cristiana avventista del 7° giorno hanno diritto di godere il riposo settimanale al sabato.

Il riposo settimanale non è retribuito e non compare in busta paga.

Se l'azienda ha la necessità di far lavorare i dipendenti nel giorno di riposo settimanale, deve garantire un giorno di <u>riposo compensativo</u> nei giorni immediatamente successivi a quello non goduto.

In tal caso il lavoro nel giorno di riposo originariamente previsto è considerato <u>ordinario festivo</u> e va pagato con la relativa maggiorazione.

Se tale riposo compensativo in casi del tutto eccezionali non è effettuato, il lavoro si considera <u>straordinario festivo</u>.

Infine, una precisazione per i lavoratori che lavorano 5 giorni alla settimana: anche per loro deve essere individuato un solo giorno di riposo settimanale (di solito la domenica). L'altro giorno in cui non lavorano deve essere considerato comunque un giorno lavorativo anche se la prestazione effettiva è di 0 ore. Capiremo presto il perché di questa precisazione apparentemente inutile.

Festività

I lavoratori hanno diritto ad assentarsi dal lavoro in occasione delle <u>festività</u> previste per legge e contratto collettivo.

Ricordiamole qui di seguito:

1 gennaio (Capodanno), 6 gennaio (Epifania), lunedì dell'Angelo (il giorno successivo a Pasqua), 25 aprile (festa della Liberazione), 1° maggio (festa del Lavoro), 2 giugno (festa della Repubblica), 15 agosto (Assunzione), 1 novembre (Ognissanti), 8 dicembre (Immacolata concezione), 25 dicembre (Natale), 26 dicembre (S. Stefano).

A queste vanno aggiunte due festività particolari, ma assolutamente valide: la festa del santo Patrono che è stabilita per tradizione popolare in data diversa da città a città (a volte addirittura da quartiere a quartiere) e la prima domenica di novembre (festa delle Forze Armate) che una volta era festeggiata il 4 novembre.

E Pasqua? Pur essendo la più importante festività Cristiana, non è solitamente considerata nell'elenco perché coincide con la domenica. Solo alcuni contratti collettivi la includono tra le festività riconosciute.

Certi contratti collettivi prevedono anche le <u>semifestività</u>: i pomeriggi del 24 dicembre e del 31 dicembre (e per alcuni fortunati anche del 14 agosto) sono considerati festivi.

I lavoratori di fede Ebraica hanno diritto di seguire il calendario delle festività proprie della loro religione invece di quello suddetto.

Anche le domeniche per legge sono considerate festive (ed è per questo che a chi lavora di domenica paghiamo le maggiorazioni festive), ma non godono del trattamento economico particolare delle festività riportato qui sotto.

LE FESTIVITÀ VANNO SEMPRE RETRIBUITE. Ai dipendenti che non lavorano nelle giornate festive viene pagato comunque un compenso; a quelli che lavorano viene pagato lo stesso compenso a cui va inoltre aggiunta la retribuzione per lavoro festivo. Vediamo come.

Sistema mensilizzato

Come ricorderete, le festività infrasettimanali[9] (durante la settimana) sono comprese nei 4 casi standard, quindi sono già incluse nella retribuzione di riferimento mensile.

Rimangono fuori solo le festività coincidenti con il giorno di riposo (la domenica di solito) per cui viene pagata una giornata in più di retribuzione.

Ad esempio il 1° gennaio 2012 è caduto di domenica, mentre il 6 gennaio di venerdì.

Il cedolino di gennaio per un lavoratore che riposa la domenica sarà così:

```
LAV.ORD.                                  1300,00
FESTIVITA'              1      50,00         50,00
```

Entrambe le festività vengono retribuite: il 6 gennaio (infrasettimanale) rientra nella retribuzione mensile e quindi non viene evidenziato, mentre il 1° gennaio (nel giorno di riposo) è retribuito a parte.

Sistema orario

Come di consueto in questo sistema, ogni ora viene retribuita a sé.

Per le festività infrasettimanali è prevista la corresponsione della paga per lavoro ordinario che il lavoratore avrebbe percepito se fosse andato a lavorare.

Se il suo orario normale nel giorno festivo fosse stato di 8 ore, gli vengono pagate 8 ore, se fosse stato di 6 gliene vengono pagate 6.

---

[9] I nomi più comuni per questi concetti sono in realtà: festività godute (infrasettimanali) e festività non godute (nel giorno di riposo), ma confondono parecchio le idee.

In pratica, IL LAVORATORE NON DEVE SUBIRE ALCUNA DIMINUZIONE DELLA RETRIBUZIONE IN RELAZIONE ALLE FESTIVITÀ.

Per le festività coincidenti col giorno di riposo va comunque pagata una giornata di retribuzione in più, ma non avendo un orario di lavoro a cui fare riferimento (il lavoratore sarebbe stato comunque assente) si utilizza una giornata media, ottenuta dividendo l'orario settimanale per 6.

Riprendendo l'esempio precedente ed ammettendo che il lavoratore abbia un orario di 8 ore giornaliere e 40 settimanali, la festività del 6 gennaio va pagata con 8 ore di retribuzione (l'orario normale), mentre quella del 1° gennaio con la giornata media pari a:

$$40 / 6 = 6{,}67 \text{ ore}[10]$$

Il cedolino sarà quindi:

```
LAV.ORD.              168     7,65      1285,20
FESTIVITA'          14,67     7,65       112,23
```

Dove 14,67 è la somma delle 8 ore del 6 gennaio e delle 6,67 del 1° gennaio. (168 è il numero delle ore lavorative di gennaio che utilizzeremo in tutti gli esempi da ora in poi).

Festività di sabato

Un problema pratico che si presenta molto spesso è come retribuire le festività per i lavoratori che lavorano 5 giorni alla settimana.

In particolare il problema riguarda le festività che cadono nel 6° giorno della settimana, quello non lavorativo, ma nemmeno di riposo settimanale.

Il classico esempio è quello dei lavoratori con orario dal lunedì al venerdì che non lavorano il sabato, ma il cui giorno di riposo "ufficiale" è la domenica. Come vengono retribuite le festività di sabato?

COME QUELLE INFRASETTIMANALI: per i mensilizzati sono già comprese nella retribuzione di riferimento mensile, per gli orari vengono pagate tante ore quante ne avrebbero lavorate, cioè 0 ore!

Detto così sembra un furto, ma ricordate che l'importante è non subire alcuna diminuzione della retribuzione in relazione alle festività e, in questo caso, è proprio così: il lavoratore prende l'intera retribuzione (40

---

[10] Alcuni contratti collettivi prevedono una retribuzione più alta.

ore settimanali dal lunedì al venerdì) senza alcuna diminuzione.
Alcuni contratti collettivi, tuttavia, stabiliscono che le festività di sabato vadano trattate come quelle di domenica prevedendo quindi il pagamento aggiuntivo della festività di sabato.

Lavoro nelle festività
Come già detto, chi lavora nelle festività ha diritto sia al pagamento della festività come se non avesse lavorato, sia al compenso per il lavoro straordinario festivo in aggiunta a quello per festività.
Solo nel caso in cui l'azienda preveda un riposo compensativo nei giorni immediatamente successivi alla festività lavorata, la retribuzione del lavoro nella festività sarà quella ordinaria festiva.

Ferie
Ogni lavoratore ha diritto ad un certo numero di giorni annui di ferie, stabilito dai contratti collettivi e non inferiore a 4 settimane.
Almeno due di queste settimane devono essere usufruite ogni anno e le altre due settimane vanno comunque godute entro 18 mesi dal termine dell'anno.
Ad esempio le ferie del 2012 vanno fruite per due settimane all'interno del 2012 stesso e per altre due settimane entro giugno 2014.
Se il contratto prevede ulteriori giorni di ferie oltre alle 4 settimane, questi possono essere retribuiti dall'azienda anziché usufruiti, mentre ciò NON È ASSOLUTAMENTE POSSIBILE PER LE PRIME 4 SETTIMANE DI FERIE ANNUE (salvo ovviamente il caso di conclusione del rapporto di lavoro).
Le ferie devono essere concordate tra lavoratore ed azienda che, comunque, ha sempre l'ultima parola sulla decisione del periodo di ferie[11].
Le ferie sono retribuite con la normale retribuzione di riferimento.
Nel sistema mensilizzato sono comprese nei 4 casi standard, quindi, ad esempio, 10 giorni di ferie compaiono così:

```
LAV.ORD.                                  1300,00
FERIE                 10
```

La retribuzione per ferie è compresa nella retribuzione di riferimento

---

[11] Tutto per intero. Non credete alla leggenda metropolitana secondo cui metà del periodo viene deciso dall'azienda e metà dal lavoratore.

mensile.

Nel sistema orario 80 ore di ferie sono scritte così:

```
LAV.ORD.           88     7,65      673,20
FERIE              80     7,65      612,00
```

Calcolo delle ferie residue

Ogni lavoratore vuole sapere quanti giorni di ferie ha a disposizione, ma questo numero è facilmente reperibile sui contratti collettivi.

Il dato solitamente più interessante da conoscere riguarda il numero di giorni di ferie ancora disponibili fino alla fine dell'anno, ovvero le cosiddette ferie residue.

Il calcolo semplificato è il seguente:

Ferie residue dell'anno = ferie annue spettanti da contratto – ferie già godute nell'anno

A questo punto sorge un grande problema matematico: le ferie annue da contratto sono solitamente previste nell'ipotesi che un dipendente lavori 6 giorni ogni settimana.

Se il dipendente lavora realmente 6 giorni alla settimana non c'è nessun problema e possiamo applicare la formuletta senza preoccupazioni, ma la maggior parte dei lavoratori in realtà lavora su 5 giorni settimanali.

Prendiamo l'esempio di un dipendente che lavora dal lunedì al venerdì, il contratto prevede che lui faccia ferie anche di sabato, ma lui non lavora mai al sabato. Come possiamo quindi considerare le ferie di sabato?

Nell'applicazione della formuletta di sopra, possiamo sottrarre le ferie godute calcolate su 5 giorni settimanali (lunedì – venerdì) dalle ferie spettanti calcolate su 6 (lunedì – sabato)?

Assolutamente no! Sarebbe come sottrarre chilogrammi da grammi o decalitri da millilitri e questo ci è stato vietato dalla nostra maestra di quarta elementare.

Pertanto dobbiamo inventarci qualcosa per convertire le ferie spettanti da 6 a 5 giorni settimanali o viceversa per convertire le ferie godute da 5 a 6 giorni settimanali.

Ci sono delle semplici formule matematiche per fare questo, provo a spiegarvele.

1° metodo) Per convertire le ferie annue spettanti da 6 a 5 giorni settimanali occorre dividerle per 6 e moltiplicarle per 5.

2° metodo) Per convertire le ferie godute da 5 a 6 giorni settimanali bisogna dividerle per 5 e moltiplicarle per 6.

Esempio

Supponiamo che un contratto di lavoro preveda 26 giorni annui di ferie spettanti ai lavoratori che lavorano su 6 giorni settimanali.

Prendiamo il caso di un lavoratore che lavora su 5 giorni settimanali e ha già goduto di 8 giorni effettivi di ferie nell'anno.

1° metodo) Seguendo la prima strada proposta, il numero di giorni di ferie spettanti nell'anno (26) va riportato a 5 giorni settimanali, con la formula vista sopra, ovvero:

$26 / 6 \times 5 = 21,67$ giorni di ferie annui spettanti (su 5 gg / sett)

A questo punto solo i giorni effettivamente goduti (8) andranno sottratti da questa cifra e le ferie residue saranno:

$21,67 - 8 = 13,67$ giorni di ferie residue nell'anno (su 5 gg / sett)

2° metodo) Seguendo la seconda strada, i giorni di ferie godute (8) vanno riportati a 6 giorni settimanali con la formula:

$8 \times 6 / 5 = 9,6$ giorni di ferie goduti nell'anno (su 6 gg / sett)

Questa cifra va sottratta dai giorni annui spettanti (26) e le ferie residue saranno:

$26 - 9,6 = 16,4$ giorni di ferie residue nell'anno (su 6 gg / sett)

Per chi segue questa strada, ogni volta che si indica un giorno di ferie godute sul cedolino, bisogna moltiplicarlo per 6 e dividerlo per 5, quindi ogni giorno di ferie vale:

$1 \times 6 / 5 = 1,2$ giorni (su 6 gg / sett)

Ed ecco svelato perché molti lavoratori si vedono segnare sul cedolino più ferie di quelle che hanno effettivamente fatto. Purtroppo è un meccanismo perverso, ma matematicamente corretto.

Ovviamente non cadete nell'errore di confrontare i risultati delle ferie residue nei due metodi (13,67 e 16,4) perché sono assolutamente identici, ma espressi con unità di misura diverse.

Sarebbe come dire che 1.000 metri sono diversi da 1 chilometro! E la maestra si arrabbierebbe...

Alcuni contratti, gentilmente, hanno concordato un numero di ferie fisso per i lavoratori su 5 giorni settimanali, evitando tutta la trafila dei calcoli[12].

Sistema orario

Per i lavoratori che applicano il sistema orario, di solito viene tutto convertito in ore, quindi le ore spettanti nell'anno sono:

Ore di ferie spettanti nell'anno = giorni di ferie spettanti da contratto x orario settimanale / 6

A queste vanno sottratte le ore di ferie effettivamente godute che, per fortuna, sono sempre pari a 60 minuti, sia che il lavoratore faccia 5 o 6 giorni di lavoro a settimana, evitando il lavoro di conversione.

Nel nostro esempio di prima il lavoratore ha diritto a:

26 x 40 / 6 = 173,33 ore di ferie annue spettanti

A cui vanno sottratte le 64 ore (8 giorni x 8 ore nel nostro esempio) di ferie godute per arrivare a:

173,33 – 64 = 109,33 ore di ferie residue

Formula finale

Alle ferie residue calcolate in uno dei modi sopra esposti vanno aggiunte le ferie eventualmente residue degli anni precedenti e sottratte quelle eventualmente pagate, ottenendo così la formula definitiva:

Ferie residue fino alla fine dell'anno = ferie residue degli anni precedenti + ferie annue spettanti da contratto – ferie già godute nell'anno – ferie retribuite nell'anno

Se il rapporto di lavoro inizia o cessa all'interno dell'anno, al lavoratore non spetta l'intero ammontare annuo delle ferie, ma solo una parte calcolata con la formula[13]:

Ferie effettivamente spettanti nell'anno = ferie annue spettanti da

---

[12] Certe aziende, per evitare tutti questi calcoli, considerano ferie anche il sabato per i dipendenti che prendono ferie il venerdì. Così chi si assenta dal lavoro un solo giorno se ne vede sottratti due di ferie. E ovviamente non è un sistema equo e regolare.

[13] I contratti collettivi stabiliscono delle regole particolari per i rapporti di lavoro iniziati o cessati all'interno di un mese. Una regola frequente è quella secondo cui se si sono lavorati più di 15 giorni nel mese si computa il mese intero, viceversa il mese non conta.

Permessi

La maggior parte dei contratti collettivi prevede un certo numero di ore annue di assenza retribuita, i cosiddetti permessi.

Questi derivano da due percorsi storici diversi: il primo è la riduzione dell'orario di lavoro (rol) stabilita da molti contratti su base annuale e non su base settimanale, l'altra è l'abolizione di 4 festività che esistevano in passato (ora sono dette ex festività) che sono state convertite in ore di permessi.

Sebbene queste due entità siano diverse e, a volte, siano esposte in maniera distinta sui cedolini, ora confluiscono entrambe sotto il nome di permessi.

Anche i permessi, come le ferie, devono essere concordati tra lavoratore ed azienda che, anche in questo caso, ha l'ultima parola sulla decisione di concederli o meno.

Tuttavia, a differenza delle ferie, l'azienda può anche decidere di retribuire le ore di permesso senza farle godere al dipendente.

I permessi hanno di solito una scadenza prevista dai contratti collettivi, ovvero i permessi non usufruiti entro una certa data vanno retribuiti al dipendente[14].

E' importante sottolineare come non è necessario fornire alcuna giustificazione all'azienda per tali permessi perché rientrano nella disponibilità del lavoratore, ovviamente l'azienda può decidere se e quando concederli al dipendente.

I permessi sono sempre retribuiti con la normale paga del dipendente.

Nel sistema orario, come di consueto, ogni ora è retribuita a sé, quindi, ad esempio, un lavoratore che prende 10 ore di permessi avrà un cedolino fatto così:

```
LAV.ORD.         158     7,65       1208,70
PERMESSI          10     7,65         76,50
```

Nel sistema mensilizzato i permessi sono già compresi nei 4 casi standard,

---

[14] Non vengono "persi" come qualche azienda furbacchiona vuol far credere ai dipendenti.

quindi compaiono nella busta paga senza evidenza della retribuzione.
Ad esempio, le stesse 10 ore di permesso figurano così sul cedolino:

```
LAV.ORD.                                1300,00
PERMESSI                 10
```

La retribuzione per permessi è compresa nella retribuzione di riferimento.

Se però, si tratta di permessi non usufruiti che vengono pagati dall'azienda e non goduti dal dipendente, allora questo non è più vero e vanno in ogni caso pagati a parte. Apparirà sul cedolino una voce del genere:

```
PERM.NON USUF.       10      7,65        76,50
```

Calcolo dei permessi residui

Il calcolo dei permessi residui è molto semplice perché, essendo già in origine stabiliti in ore, non richiedono alcuna conversione. La formula di calcolo è la seguente ed è analoga a quella per le ferie.

Permessi residui fino alla fine dell'anno = permessi residui degli anni precedenti + permessi annui spettanti da contratto – permessi già goduti nell'anno – permessi retribuiti nell'anno

Anche in questo caso, se il rapporto di lavoro inizia o cessa all'interno dell'anno, al lavoratore non spetta l'intero ammontare annuo dei permessi, ma solo una parte calcolata con la formula[15]:

Permessi effettivamente spettanti nell'anno = permessi annui spettanti da contratto x mesi lavorati / 12

Altre assenze retribuite

La legge e i contratti collettivi prevedono numerosi altri casi di assenze dal lavoro con diritto alla retribuzione.

In tutti questi casi il lavoratore deve presentare un apposito documento giustificativo per l'assenza e l'azienda è obbligata a concederla nelle date stabilite dal lavoratore.

La retribuzione è del tutto analoga a quella dei permessi, la differenza è che mentre i permessi vanno usufruiti per intero o, in alternativa,

---

[15] Vedi nota 13 sul calcolo delle assunzioni e cessazioni all'interno del mese

retribuiti, le altre assenze vengono retribuite solo nel momento in cui si verificano e vengono "perse" dal lavoratore se non ne usufruisce.

Di seguito analizziamo i casi più comuni, rimandando ai contratti collettivi per gli altri e le normative specifiche.

Permessi studio

I contratti collettivi prevedono un monte ore annuo di permessi per gli studenti iscritti a corsi di studio legalmente riconosciuti (sono quindi esclusi i corsi di Inglese, di informatica, scuole private in genere ecc...).

Tali lavoratori – studenti possono quindi assentarsi dal lavoro quando credono per frequentare i corsi o per studiare, presentando semplicemente un certificato di iscrizione e frequenza al corso.

I contratti possono prevedere limiti al numero di lavoratori della stessa azienda che possono usufruire di tali permessi in contemporanea o al numero massimo di ore che possono essere concesse dall'azienda in un anno.

A queste ore si aggiungono intere giornate di permesso che gli studenti possono prendere in occasione degli esami (ad esempio la maturità o gli esami universitari).

Spetta una giornata di permesso per ogni giornata di esame (ad esempio, per la maturità tre giorni per gli scritti e un giorno per gli orali).

Il dipendente deve presentare un attestato che confermi il fatto di aver sostenuto l'esame (superato o meno non importa, anche se alcuni contratti pongono dei limiti al numero massimo di assenze per esami).

Questo discorso vale per i corsi di studio frequentati per interesse personale, perché se il corso è frequentato nell'interesse dell'azienda, questo è compreso a pieno titolo nell'orario di lavoro e le ore di frequenza vanno retribuite come se il dipendente stesse lavorando.

Questo vale anche per gli apprendisti che sono obbligati a frequentare corsi di formazione interni od esterni all'azienda che rientrano nell'orario di lavoro con la relativa retribuzione.

Stesso discorso per i corsi legati alla normativa sulla sicurezza del lavoro, sia per la generalità dei dipendenti, sia per coloro che rivestono ruoli particolari nella gestione della sicurezza[16].

---

[16] Sapete ad esempio che in ogni azienda ci deve essere un Rappresentante dei

Permessi lutto

Ogni lavoratore ha diritto ad assentarsi dal lavoro per 3 giorni lavorativi ogni anno in seguito al decesso del coniuge, del convivente o dei parenti fino al 2° grado (genitori, nonni, figli, fratelli, nipoti in linea retta), presentando la relativa certificazione.

L'assenza è complessiva, cioè non è legata ad ogni persona che passa a miglior vita, ma i 3 giorni sono totali nell'anno a prescindere dal numero di lutti.

Il lavoratore non è obbligato a prendere tutti i 3 giorni insieme e, se avanzano dei giorni, può utilizzarli in occasione di un altro decesso nello stesso anno.

Alcuni contratti collettivi prevedono norme più favorevoli.

Permessi elettorali

Tutti coloro che sono impegnati nelle operazioni elettorali (presidenti, segretari, scrutatori, rappresentanti di lista) hanno diritto ad assentarsi dal lavoro nei giorni di effettivo impegno presso i seggi, presentando la relativa certificazione.

In aggiunta, hanno diritto a tanti giorni di riposo compensativo, quanti giorni di riposo settimanale hanno perso per l'impegno elettorale.

Inoltre è previsto un ulteriore riposo compensativo anche per chi è stato impegnato presso il seggio in un giorno lavorativo a 0 ore (solitamente il sabato).

Ad esempio, un dipendente che lavora dal lunedì al venerdì ed è impegnato al seggio da sabato a lunedì avrà ovviamente diritto a non presentarsi al lavoro nella giornata di lunedì, dopodiché potrà usufruire di due giorni di riposo compensativo, uno per il sabato (lavorativo a 0 ore), uno per la domenica (riposo settimanale).

Quindi starà assente anche martedì e mercoledì e tornerà a lavorare al giovedì.

Per tutto questo periodo percepisce la normale retribuzione come se avesse lavorato.

La Cassazione ha stabilito che anche pochi minuti di impegno elettorale in una giornata danno diritto all'intera giornata di assenza[17].

Lavoratori per la Sicurezza (RLS)?

Permessi sindacali

Nelle aziende ove esiste un'attività sindacale organizzata (solitamente quelle con più di 15 dipendenti) è possibile convocare assemblee dei lavoratori che danno diritto ad assentarsi dal lavoro e a percepire la retribuzione per un massimo di 8 ore annue.

Sì, avete capito bene, l'azienda paga i lavoratori per parlare male di lei!

Permessi più estesi vengono concessi ai rappresentanti sindacali (RSU ed RSA) e a quei lavoratori che svolgono attività presso le organizzazioni sindacali.

Permessi per visite mediche

Contrariamente a quanto si pensa, solo alcuni contratti collettivi prevedono il diritto ad assentarsi dal lavoro per effettuare esami e visite mediche.

La maggior parte dei contratti non lo prevede, quindi vanno utilizzati per tale scopo i normali permessi, ammesso che l'azienda li voglia concedere.

Il diritto all'assenza per le visite mediche è previsto per legge solo per le donne in gravidanza.

Assenze non retribuite

Esistono alcune assenze dal lavoro che non danno diritto ad alcuna retribuzione.

Sciopero

Lo sciopero, come ben sappiamo, è un'astensione collettiva dal lavoro a scopo di protesta ed è un diritto costituzionalmente garantito ai lavoratori.

Nei servizi pubblici essenziali esiste una legge che ne limita l'effettuazione (rispetto delle fasce di garanzia, preavviso di sciopero ecc.), negli altri settori è libero e senza alcun limite legislativo.

Tuttavia i danni causati dallo sciopero non devono andare oltre lo scopo della protesta: non si possono danneggiare i beni dell'azienda, né lasciare incustoditi i furgoni portavalori o gli altiforni.

---

[17] E' per questo che alcuni prolungano artificiosamente la durata dello scrutinio oltre la mezzanotte.

Nel sistema orario, semplicemente, non c'è retribuzione per le ore di sciopero; il cedolino per un lavoratore che sciopera per 8 ore sarà così:

```
LAV.ORD.          160    7,65       1224,00
SCIOPERO            8
```

Certi software paghe addirittura non scrivono neppure la voce di sciopero.

Nel sistema mensilizzato, sorge una piccola complicazione: lo sciopero, infatti, non fa parte dei 4 casi standard, pertanto va valutato a parte.
Siccome lo sciopero non è retribuito, va tolto dalla retribuzione di riferimento mensile, in quanto si tratta di una giornata non lavorata e non retribuita.
In altre parole se lasciassimo l'intera retribuzione di riferimento mensile al dipendente, gli pagheremmo anche la giornata di sciopero.
Quindi dobbiamo operare una trattenuta che comparirà così sul cedolino:

```
LAV.ORD.                           1300,00
SCIOPERO           8    -7,65       -61,20
```

Per tradizione, la trattenuta per sciopero è effettuata ad ore (infatti certi scioperi durano solo alcune ore e non l'intera giornata). La trattenuta risultante può, quindi, essere più alta della retribuzione di riferimento giornaliera.

Ritardi e assenze ingiustificate
Se il lavoratore si presenta in ritardo al lavoro o addirittura non si presenta del tutto, senza un legittimo motivo di assenza come quelli visti sopra, può subire una sanzione disciplinare che arriva nei casi più gravi fino al licenziamento.
Inoltre gli vengono trattenute dalla busta paga tutte le ore non lavorate, con le stesse modalità di calcolo dello sciopero.
Nel sistema orario è sufficiente non pagare le ore di assenza ingiustificata, nel sistema mensilizzato si opera una trattenuta come visto prima.
Ad esempio un lavoratore che si presenta con 15 minuti di ritardo al lavoro, oltre a subire possibili sanzioni, avrà una trattenuta sul cedolino fatta così:

```
LAV.ORD.                              1300,00
RITARDI              0,25    -7,65      -1,91
```

Come mai per 15 minuti di ritardo gli tratteniamo 0,25 ore?

Perché i computer (molto meno intelligenti di noi) "ragionano" in termini di centesimi e non di minuti, in altre parole adottano sempre e comunque il sistema decimale e non quello dell'orologio (chiamato sessagesimale).

Quindi ogni volta che parliamo di minuti dobbiamo fare un operazione di conversione da minuti di orologio a centesimi per il computer.

Per ringraziarvi di aver acquistato questo libro, ho fatto già io questa operazione ed ecco la tabella di conversione già pronta.

MINUTI	CENTESIMI
1	2
2	3
3	5
4	7
5	8
6	10
7	12
8	13
9	15
10	17
11	18
12	20
13	22
14	23
15	25
16	27
17	28
18	30
19	32
20	33
21	35
22	37
23	38

MINUTI	CENTESIMI
31	52
32	53
33	55
34	57
35	58
36	60
37	62
38	63
39	65
40	67
41	68
42	70
43	72
44	73
45	75
46	77
47	78
48	80
49	82
50	83
51	85
52	87
53	88

24	40	54	90
25	42	55	92
26	43	56	93
27	45	57	95
28	47	58	97
29	48	59	98
30	50		

Assenze con intervento dell'Inps

In alcuni casi l'assenza dal lavoro è pagata dall'Inps, in termine tecnico si dice che è indennizzata.

In pratica l'azienda non paga nulla al dipendente per la giornata di assenza ed è l'Inps ad occuparsi di mettere sulla busta paga la retribuzione non corrisposta dall'azienda.

Il lavoratore è tenuto a presentare adeguata certificazione per l'assenza.

Donazione sangue

Mi auguro siate tutti donatori di sangue: la donazione è facile, indolore, può essere fatta da tutti e, magari, salva anche qualche vita.

E in omaggio vi vengono fatti gli esami del sangue.

Per ringraziarvi del gesto, l'Inps vi concede di assentarvi dal lavoro per l'intera giornata della donazione (che in realtà dura solo pochi minuti) e vi retribuisce per tutta la giornata.

E' un'offerta talmente buona che, per evitare che la gente se ne approfitti, è stato stabilito il limite di una donazione ogni 3 mesi.

Il calcolo nel sistema orario è molto semplice: l'azienda non retribuisce nulla per la giornata di donazione sangue, l'Inps paga tante ore quante ne avrebbe lavorate il dipendente.

Nel solito esempio di un lavoratore che effettua 8 ore al giorno, il cedolino risulterà:

```
LAV.ORD.            168    7,65    1269,90
IND.INPS DON.SAN.     8    7,65      61,20
```

I 61,20 euro vengono dalle casse dell'Inps[18].

Nel sistema mensilizzato bisogna fare un po' di attenzione: infatti l'azienda non retribuisce l'assenza, quindi, esattamente come nel caso dello sciopero, deve effettuare una trattenuta per evitare di pagare al dipendente una giornata di lavoro non effettuata.

Il cedolino sarà:

```
LAV.ORD.                        1300,00
TRATTEN. DON.SAN.    1   -50,00    -50,00
IND.INPS DON.SAN.    1    50,00     50,00
```

Perché trattenere una giornata e poi pagare la stessa giornata? Non faremmo prima a non scrivere nulla? No, perché i 50 euro trattenuti sono un risparmio per l'azienda, mentre i 50 euro pagati vengono dalle casse dell'Inps.

Il trattamento economico è identico anche nel caso di donazione di plasma, piastrine e midollo osseo (quest'ultimo richiede qualche giorno in più di assenza).

Assistenza disabili

I parenti e affini fino al 2° grado che assistono un disabile, così come i disabili che lavorano hanno diritto ad assentarsi per 3 giorni al mese a loro scelta dal lavoro.

Oppure, in alternativa a ciò, i disabili che lavorano possono usufruire di 2 ore al giorno di assenza e chi li assiste di 24 ore al mese "sparse"[19].

Se una parte di queste assenze non vengono utilizzate, sono "perse" e non possono essere recuperate il mese successivo.

Non è necessaria alcuna giustificazione per le singole giornate di assenza, ma questo beneficio deve essere autorizzato dall'Inps che esamina la documentazione relativa alla disabilità e all'assistenza possibile per il disabile secondo le norme della legge 104 del 1992.

La retribuzione, con intervento dell'Inps, è analoga al caso della

---

[18] Tecnicamente non è proprio così: l'azienda anticipa di tasca propria le indennità Inps al dipendente e poi le recupera dall'Inps quando paga i contributi (nell'esempio l'azienda pagherà 61,20 euro in meno di contributi all'Inps).

[19] In realtà il calcolo è ore settimanali x 3 / giorni effettivi di lavoro settimanale. In caso di disabile ricoverato a tempo pieno in ospedale, i permessi non spettano.

donazione sangue.

Congedo matrimoniale

Auguri! Che possiate vivere uniti e nell'amore le gioie e le difficoltà di ogni giorno.

Come regalo di nozze la vostra azienda vi offre 15 giorni di calendario di assenza dal lavoro retribuiti.

Mi raccomando, dalla Polinesia pensate al vostro datore di lavoro!

Al ritorno troverete il vostro stipendio intero.

Per gli operai è l'Inps ad occuparsi gentilmente della retribuzione di 7 giorni, operando però una piccola trattenuta del 5,84% (si sa che quelli dell'Inps sono un po' tirchi). I giorni restanti sono comunque a carico dell'azienda.

Inoltre la sposa non può essere licenziata dal giorno delle pubblicazioni di nozze fino ad un anno dopo il matrimonio.

Congedi e aspettative

Esistono varie motivazioni previste dalla legge e dai contratti collettivi per cui un lavoratore può prendersi una lunga pausa dal lavoro SENZA RETRIBUZIONE, ma con la conservazione del posto di lavoro.

Viene detta aspettativa o congedo e la legge lo prevede nei seguenti casi:
- malattia grave di un familiare (massimo 2 anni di assenza)[20]
- congedo formativo per chi vuole migliorare la propria formazione (massimo 11 mesi)
- aspettativa per cariche pubbliche elettive a chi è stato eletto ad un compito che non gli consenta di proseguire l'attività lavorativa (per tutta la durata del mandato)
- aspettativa per cariche sindacali ai dirigenti dei sindacati[21] (per tutta la durata del mandato)

In tutti questi casi il lavoratore si assenta dal lavoro per un lungo periodo, ma ritroverà il suo posto di lavoro quando tornerà a lavorare (ammesso che l'azienda esista ancora!).

I contratti collettivi prevedono di solito altre valide motivazioni per l'aspettativa come, ad esempio, la malattia di lunga durata o l'assistenza ai

---

[20] E' il cosiddetto congedo straordinario e viene indennizzato dall'Inps.

[21] Gli enti pubblici continuano a versare la retribuzione ai dirigenti dei sindacati, nonostante siano assenti dal lavoro.

figli fino ai 3 anni.

RIASSUNTO
- Esistono numerose assenze legittime dal lavoro
- Le ferie sono un diritto irrinunciabile del lavoratore e vengono stabilite dall'azienda entro i limiti di legge e di contratto
- I permessi possono essere goduti o retribuiti a scelta dell'azienda
- Il lavoratore può assentarsi in maniera giustificata quando c'è una condizione che gliene dà diritto e presenta la relativa certificazione
- Alcune assenze vengono retribuite dall'azienda, altre dall'Inps, le aspettative invece non sono retribuite
- Lo sciopero è un diritto dei lavoratori (non retribuito), le assenze ingiustificate oltre a non essere retribuite possono portare al licenziamento

COMPITI A CASA
Di tutta questa lunga esposizione di assenze, il calcolo più complicato riguarda le ferie.

I software paghe di solito prevedono 4 caselline nella parte bassa del cedolino per riportare il calcolo delle ferie residue.

1^ casella <u>ferie anno precedente</u>: sono esposte le ferie residue a dicembre dell'anno precedente

2^ casella <u>ferie maturate</u>[22]: a volte contiene l'intero ammontare delle ferie annue spettanti da contratto; più spesso indica le ferie maturate fino a quel mese dal dipendente. In tal caso, ogni mese questo valore viene aumentato del <u>coefficiente</u> di ferie, cioè del numero di ferie che spettano nel singolo mese, ovvero un dodicesimo delle ferie spettanti in un anno.

3^ casella <u>ferie godute</u>: sono le ferie godute nell'anno più quelle eventualmente retribuite

4^ casella <u>ferie residue</u>: sono le ferie ancora residue fino alla fine dell'anno (se nella 2^ casella è indicato un valore annuale) o fino a quel mese (se nella 2^ casella è indicato il valore delle ferie maturate fino a quel mese). Vengono calcolate così: 1^ casella + 2^ casella – 3^ casella

Il dato più complicato da calcolare è quello contenuto nella 2^ casella.

---

[22] Sì, lo so. Alcuni software paghe fondono insieme le prime due caselle, creando ancora più confusione...

- Se utilizzate il sistema orario, l'unico calcolo da fare è la conversione da giorni a ore delle ferie annue spettanti previste dal vostro ccnl.

Il numero di ore così ottenuto è riportato nella 2^ casella (per intero o suddiviso in dodicesimi).

- Se utilizzate il sistema mensilizzato e lavorate su 6 giorni settimanali, nella 2^ casella è riportato il numero di giorni di ferie annue spettanti (per intero o suddiviso in dodicesimi).

- Se invece utilizzate il sistema mensilizzato e lavorate su 5 giorni settimanali, mettiamoci seduti comodi e cominciamo con i calcoli (a meno che non utilizziate uno di quei contratti in cui hanno già fatto i calcoli per voi).

Dobbiamo capire quale sistema di conversione è stato utilizzato.

La chiave è molto semplice: quanti giorni di ferie appaiono sul cedolino per ogni giorno effettivamente goduto?

Se per ogni giorno di ferie appare un giorno sul cedolino, state utilizzando il 1° metodo e quindi bisogna convertire il numero di giorni di ferie spettanti nell'anno da 6 a 5 giorni settimanali.

Il valore ottenuto viene riportato nella 2^ casella (per intero o suddiviso in dodicesimi).

Se invece per ogni giorno di ferie goduto ne appaiono 1,2 sul cedolino, significa che state utilizzando il 2° metodo e quindi il numero di giorni di ferie annue spettanti stabilito sul ccnl è riportato nella 2^ casella (per intero o suddiviso in dodicesimi).

Ora che sapete cosa c'è scritto nella 2^ casella, sapete trovare il risultato da soli; infatti la 1^ casella non è altro che il riporto delle ferie residue dell'anno precedente e la 3^ casella è la somma di tutte le ferie godute segnate sul cedolino durante l'anno, indipendentemente dal metodo utilizzato.

Se avete ancora qualche problema vi consiglio di fare queste operazioni sulla busta paga di gennaio in quanto è molto facile capire se viene riportato nella 2^ casella l'intero numero di ferie spettanti nell'anno o solo un dodicesimo.

I permessi vengono segnalati dal software paghe con lo stesso sistema di 4 caselle, ma fortunatamente non ci sono calcoli particolari da fare.

4.4. VOCI VARIE

Indennità di mensa

Alcuni contratti od accordi aziendali prevedono che l'azienda si occupi del pasto dei dipendenti.

L'azienda può quindi avere una propria mensa aziendale oppure stipulare una convenzione con un ristorante, bar, tavola calda ecc. che fornisca il pasto ai propri dipendenti gratuitamente o a prezzo agevolato.

In alternativa può fornire dei buoni pasto liberamente spendibili dai lavoratori presso gli esercizi convenzionati con le varie società emettitrici di buoni.

Infine può direttamente retribuire i dipendenti con una cifra chiamata indennità di mensa che vada a compensare il costo del pasto.

Ognuna di queste scelte è valida e raggiunge lo scopo di fornire un pasto al dipendente, tuttavia la normativa fiscale premia maggiormente la prima strada (fornitura del pasto), mediamente la seconda (buono pasto) e per nulla la terza (indennità in busta), quindi la scelta aziendale è condizionata essenzialmente da fattori fiscali.

In alcuni settori è contrattualmente prevista una piccola trattenuta vitto da effettuare a chi usufruisce del pasto preparato dall'azienda (ad esempio nei ristoranti).

Indennità di trasporto

In maniera del tutto analoga alcuni contratti od accordi aziendali prevedono che l'azienda si occupi del trasporto dei dipendenti da casa al lavoro e viceversa.

L'azienda può avere un servizio di trasporto interno o affidato in convenzione ad un'azienda di trasporto pubblica o privata oppure può direttamente retribuire i dipendenti con un'indennità di trasporto da inserire sulla busta paga.

Anche in questo caso la normativa premia la fornitura del trasporto e non la corresponsione dell'indennità che è gravata da contributi ed imposte.

Indennità di cassa

Molti contratti prevedono che chi maneggia il denaro sia personalmente responsabile degli eventuali ammanchi di cassa.

In altre parole se spariscono soldi dalla cassa, il dipendente è ritenuto responsabile e la cifra mancante gli viene trattenuta dalla retribuzione.

A questi lavoratori spetta un'indennità di cassa o di maneggio denaro che è stabilita dai vari contratti collettivi.

Solitamente è una cifra che corrisponde ad una certa percentuale della retribuzione minima e va a compensare il rischio del dipendente.

Indennità di trasferta e di trasferimento

A chi deve svolgere il lavoro TEMPORANEAMENTE in una città diversa dalla sua sede abituale di lavoro (quella definita sulla lettera d'assunzione o quella successivamente variata) spetta un'indennità di trasferta o di missione stabilita dai contratti collettivi.

Inoltre spetta il rimborso delle spese sostenute per la trasferta (viaggio, vitto, alloggio), ovviamente entro limiti di spesa predefiniti.

Le spese possono essere pagate direttamente dall'azienda (ad esempio gli alberghi) o anticipate dal dipendente e successivamente a lui rimborsate dall'azienda (ad esempio i pasti).

In quest'ultimo caso l'azienda può richiedere una nota spese con l'indicazione a pie' di lista di tutte le spese sostenute ed allegate le fatture relative; la nota spese va presentata nei modi e tempi concordati, pena il mancato rimborso dei costi sostenuti dal dipendente.

Anche in questo caso i motivi della scelta tra le varie possibilità sono puramente di convenienza fiscale.

Chi, invece, cambia PER LUNGO TEMPO la propria sede di lavoro e viene quindi trasferito in un'altra città ha diritto ad un'indennità di trasferimento, sempre oltre al rimborso delle spese.

La differenza tra trasferta e trasferimento è, in realtà, abbastanza sfumata e non sempre i contratti collettivi aiutano nella definizione delle due situazioni.

Indennità di reperibilità

Alcuni lavoratori devono essere disponibili a recarsi al lavoro all'improvviso in caso di richiesta di prestazioni urgenti da parte dell'azienda (pensate ai lavoratori dei reparti d'urgenza degli ospedali o a chi ripara gli ascensori).

A costoro deve essere pagata un'indennità di reperibilità per tutte le ore in cui non lavorano, ma sono disponibili a farlo, non appena chiamati

dall'azienda.
Ovviamente le ore di lavoro effettivamente prestate vanno retribuite come di consueto.

Premi di produzione

Gli accordi di 2° livello (territoriali o aziendali) possono prevedere l'erogazione di alcune somme basate sul risultato economico dell'azienda o del settore produttivo nel suo complesso, i cosiddetti premi di produzione.

In pratica, se l'azienda raggiunge un certo risultato economico, questo viene in parte condiviso con tutti i dipendenti che hanno aiutato a raggiungerlo.

Non è detto però che a tutti i lavoratori vada assegnata la stessa cifra, infatti questa erogazione vuole incentivare la produttività dei dipendenti, pertanto chi ha lavorato di più nel corso dell'anno viene premiato con una somma più alta di chi ha lavorato meno.

L'importante è che i parametri di valutazione siano chiari e stabiliti a priori da un contratto o un accordo di 2° livello.

Premi individuali

Nulla vieta all'azienda di premiare un singolo dipendente che abbia raggiunto risultati produttivi migliori dei suoi colleghi.

In realtà nulla vieta all'azienda neanche di assegnare un premio economico ai dipendenti più simpatici, ma questo di solito non avviene.

In altre parole ogni azienda è libera di assegnare premi individuali ai propri dipendenti (anche detti erogazioni liberali, erogazioni una tantum ecc.) con i criteri da lei preferiti e assolutamente insindacabili.

Una tantum

L'espressione deriva dal latino e significa "una volta sola". Nel gergo contrattuale una tantum è una somma che viene data ai dipendenti in occasione del rinnovo del contratto collettivo nazionale di lavoro.

Lo scopo è quello di compensare il mancato aumento della retribuzione nel periodo compreso tra la scadenza del vecchio contratto e la firma di quello nuovo.

Siccome questo periodo di tempo può essere molto lungo, in occasione del rinnovo si stabilisce questa somma che va a compensare la minore retribuzione.

Di solito l'una tantum si va ad aggiungere a quanto già erogato con l'ivc (indennità di vacanza contrattuale di cui abbiamo già parlato nel capitolo 2).

Fringe benefit

Ad alcuni dipendenti l'azienda assegna, oltre alla normale retribuzione, alcuni beni o servizi.

Non sto parlando dei beni utilizzati durante l'orario di lavoro e che vengono lasciati in azienda al termine della giornata lavorativa, ad esempio l'auto aziendale.

Qui intendiamo beni che il lavoratore, autorizzato dall'azienda, porta a casa alla fine del lavoro per utilizzarli per scopi personali.

Pensiamo al cellulare con doppia scheda sim (una per il lavoro, una per casa) o al computer portatile utilizzato anche dopo il lavoro.

E' anche il caso dell'auto per uso promiscuo (sia per il lavoro che per uso personale), dell'alloggio dei custodi (in cui vivono con la famiglia), dei prodotti o servizi dell'azienda regalati ai dipendenti od offerti a prezzi scontati (viaggi aerei ad esempio) ecc.

Vi sembrerà strano, ma tutti questi doni dell'azienda, chiamati <u>fringe benefit</u> o <u>retribuzione in natura</u>, rientrano nella retribuzione del dipendente e su questi vanno pagati contributi e imposte.

Multe disciplinari

Qualora il dipendente violi le norme contrattuali o quelle del regolamento aziendale è soggetto ad un procedimento disciplinare da parte dell'azienda che può comportare, a seconda della gravità, una delle seguenti sanzioni: richiamo verbale, richiamo scritto, multa, sospensione dal lavoro fino a 10 giorni, licenziamento.

Il lavoratore durante il procedimento disciplinare può sempre farsi assistere da un rappresentante sindacale.

La multa compare sul cedolino come una trattenuta che, per legge, non può essere superiore a 4 ore di retribuzione.

Per evitare abusi, l'importo trattenuto non rimane all'azienda, ma viene versato all'Inps.

RIASSUNTO
- Contratti collettivi e accordi aziendali prevedono l'erogazione di somme di vario tipo legate alle modalità di lavoro (cassa, trasferta, trasferimento, reperibilità), alla produttività (premi di produzione) o come bonus (mensa, trasporto)
- L'azienda è libera di corrispondere premi individuali in denaro o in natura (fringe benefit)
- Le modalità di concessione di queste somme dipendono spesso dalla normativa contributiva e fiscale
- Il dipendente che non rispetta le regole contrattuali è soggetto a sanzioni

COMPITI A CASA
Individuate sul vostro ccnl le norme che prevedono il pagamento delle varie somme descritte sopra.

Chiedete se esiste un contratto od un accordo aziendale che prevede il pagamento del premio di produzione; procuratevelo e tentate di capire quali parametri influiscono sulla maggiore o minore distribuzione del premio ai vari dipendenti.
Cercate di migliorare nei parametri che vi garantiscono un premio maggiore a fine anno!

Ora che abbiamo visto le più importanti voci della parte centrale del cedolino tentiamo di capire se ci è stato pagato tutto quello che ci doveva essere retribuito nel mese.
Facciamo il "conto della badante"[23].

Nel sistema orario è più facile.
Passo 1: calcoliamo tutte le ore di lavoro ordinario possibili nel mese, guardando solo il calendario; cioè le ore ordinarie di lavoro che avreste dovuto fare se foste andati sempre a lavorare
Passo 2: sommiamo tutte le ore riportate sul cedolino come lavoro ordinario o assenze (retribuite o meno)
Passo 3: se i due valori coincidono tutte le ore del mese sono state

---

[23] Come sapete le badanti sono molto brave a far quadrare i conti (una volta si sarebbe detto "conto della serva", ma oggi per fortuna i tempi sono cambiati).

conteggiate (speriamo in maniera corretta, ma non possiamo affermarlo con certezza). Se i due valori non coincidono può essere successo che:

- i software paghe non hanno stampato alcune voci senza retribuzione (ad esempio lo sciopero) o non hanno stampato il numero delle ore relative ad una voce (ad esempio hanno scritto 1 giorno di donazione sangue invece di 8 ore)

- i software hanno scritto nella retribuzione ordinaria il totale delle ore del mese incluse quelle domenicali e notturne che poi hanno riscritto in seguito quando hanno pagato le relative maggiorazioni

- siete un operaio edile (non ce l'ho con voi, è solo che la presenza della Cassa Edile complica notevolmente la lettura del cedolino, pur rimanendo validi tutti i principi elencati)

- mancano effettivamente delle ore sul cedolino, in questo caso è vostro diritto segnalarlo con gentilezza a chi tiene le paghe per l'azienda

Nel sistema mensilizzato il conto della badante riguarda solo le ore di assenza perché quelle di lavoro ordinario sono già comprese nella retribuzione mensile e quindi non vengono calcolate a parte.

In entrambi i sistemi si può fare il conto della badante delle ore di straordinario ripetendo i 3 passi con le ore di straordinario effettivamente svolte e quelle retribuite sul cedolino.

5. LA PARTE BASSA: DAL LORDO AL NETTO

Abbiamo finalmente esaminato tutte le principali voci che costituiscono la parte centrale del cedolino e abbiamo calcolato la retribuzione lorda, cioè la retribuzione reale del dipendente.

Questa non è la retribuzione che va in tasca al lavoratore, solo una parte di essa infatti va direttamente al dipendente; un'altra quota va a finanziare le prestazioni previdenziali e assicurative (i cosiddetti contributi), un'altra parte va all'Erario, cioè allo Stato che la utilizza per il suo funzionamento (le cosiddette imposte o trattenute fiscali).

In questo capitolo analizziamo le trattenute contributive e fiscali e calcoliamo la RETRIBUZIONE NETTA, cioè quella che rimane al lavoratore al termine di queste ritenute.

5.1. I CONTRIBUTI OBBLIGATORI

La legge obbliga ogni lavoratore a versare una quota contributiva ad un ente previdenziale (Inps, Inpgi).

Questa somma ha lo scopo di garantire la pensione base al dipendente quando raggiungerà l'età pensionabile oppure nel caso diventasse invalido e di conseguenza incapace di lavorare oppure ancora ai suoi superstiti in caso di morte prematura (la cosiddetta reversibilità).

Quindi nei casi di: invalidità, vecchiaia, superstiti (ivs in sigla, come riportato su molti cedolini).

Attualmente la quota di contributi destinata a questo scopo è pari al 33% della retribuzione.

Un'altra parte dei contributi obbligatori va a finanziare una lunga serie di prestazioni assistenziali, cioè di indennità economiche pagate ai dipendenti dall'Inps in caso di difficoltà temporanee di salute o lavoro.

Si tratta delle prestazioni di: malattia, maternità, cassa integrazione, mobilità, disoccupazione, assegni familiari, più una serie di prestazioni cosiddette minori (tra cui donazione sangue, permessi disabili, congedo matrimoniale, tubercolosi ecc.).

Per queste prestazioni non c'è una percentuale contributiva fissa, ma è variabile in base al settore economico dell'azienda, al numero dei suoi dipendenti, alla qualifica del lavoratore.

Possiamo dire che mediamente un contributo pari al 4-8% della retribuzione va a coprire tali prestazioni, per un totale di circa il 37-41% destinato agli enti previdenziali.

In pratica ogni 1.000 euro di retribuzione lorda, circa 400 vanno all'Inps (o agli altri enti previdenziali).

Per fortuna questa somma non è tutta a carico del dipendente, ma è l'azienda che la versa all'Inps di tasca sua per la maggior parte.

Al dipendente spetta il pagamento dei contributi solo per il 9,19% della retribuzione.

Tale percentuale è aumentata al 9,49% nelle aziende più grandi e diminuita al 5,84% per gli apprendisti (per saperne di più guardate le tabelle contributive pubblicate su www.inps.it).

In altre parole per ogni 1.000 euro di retribuzione lorda, al dipendente ne vengono trattenuti 91,90, mentre l'azienda ne dovrà versare in più di tasca sua circa 300.

Inoltre l'azienda deve anche pagare l'Inail per l'assicurazione contro gli infortuni sul lavoro e le malattie professionali.

Infatti nessuna trattenuta Inail viene applicata al dipendente e l'azienda si trova a pagare dai 5 ai 160 euro all'Inail ogni 1.000 euro di retribuzione (dipende dalla pericolosità dell'attività lavorativa).

Le somme pagate dall'azienda all'Inail non compaiono sul cedolino e quindi non ci interessano in questo momento, ma capite bene che quando si dice che il costo del lavoro in Italia è altissimo, è la verità[24].

Imponibile contributivo

Per calcolare con precisione le trattenute contributive bisogna introdurre il concetto di imponibile contributivo: infatti i contributi non sono calcolati sull'intera retribuzione lorda, ma da questa vanno escluse alcune somme.

La retribuzione imponibile ai fini contributivi è pari alla retribuzione lorda meno:
- le indennità corrisposte dall'Inps, dall'Inail, dall'Enpaia (agricoli)
- una quota delle indennità di trasferta (46,48 euro al giorno per le trasferte occasionali in Italia)
Al totale così calcolato vanno invece aggiunti:
- il valore economico dei fringe benefit

---

[24] In realtà non bisognerebbe guardare al costo del lavoro nel suo complesso, ma al costo del lavoro in rapporto alle prestazioni fornite dallo Stato.

- i buoni pasto per la parte eccedente 5,29 euro al giorno[25]
Sulla busta paga è sempre riportato l'imponibile contributivo detto anche imponibile Inps, imponibile ivs, imponibile sociale, imponibile fap che va arrotondato all'euro.
Moltiplicando la vostra percentuale contributiva (9,19% oppure 9,49% oppure 5,84%) per tale imponibile otterrete l'importo che vi viene trattenuto dalla busta paga a titolo di contributi obbligatori.
Anche questa cifra è sempre riportata sulla busta paga.

RIASSUNTO
- La legge obbliga al pagamento dei contributi
- I contributi vanno a finanziare la pensione base ed una serie di prestazioni assistenziali
- Solo una parte dei contributi è trattenuta al lavoratore, la parte principale è versata direttamente dall'azienda
- Per calcolare la trattenuta contributiva in busta paga bisogna moltiplicare l'imponibile contributivo per la percentuale di contributi a carico del dipendente

COMPITI A CASA
Individuate l'imponibile contributivo sul vostro cedolino e tentate di capire quali voci della parte centrale vi rientrano.
L'operazione è abbastanza facile se non avete quelle voci che hanno un particolare trattamento contributivo.
Come noterete l'imponibile contributivo è sempre arrotondato all'euro.
Se avete una retribuzione molto bassa o molto alta il vostro imponibile potrebbe non coincidere con le voci di retribuzione, ma essere uguale al minimale o al massimale stabiliti dall'Inps (in pratica i valori sotto o sopra i quali non si può andare).
Calcolate poi la trattenuta contributiva utilizzando le varie percentuali possibili e guardate quella che coincide con la trattenuta che vi viene fatta sulla busta paga (obbligatoriamente riportata).
Se avete una retribuzione molto alta dovete contribuire alle casse dell'Inps con un 1% di contributi in più.

---

[25] Ho qui riportato solo i casi più comuni di esenzione dall'imponibile, per un approfondimento andate sul blog bustapagafacile.blogspot.com

Alcuni software paghe calcolano i contributi nella parte centrale del cedolino, ma mettono una riga di divisione tra le varie voci di retribuzione ed il calcolo delle trattenute (possiamo dire che la parte bassa inizia dopo la riga di divisione).

5.2. LE ALTRE TRATTENUTE

Esistono diverse altre somme che possono essere trattenute al lavoratore per obblighi contrattuali o per sua libera scelta.

Contributi obbligatori per contratto
I contratti collettivi istituiscono vari enti che hanno scopi assistenziali nei confronti dei dipendenti.
Sono gli enti di assistenza sanitaria che forniscono prestazioni economiche o sanitarie ai dipendenti malati o infortunati, aggiuntive rispetto a quelle dell'Inps e dell'Inail.
Ci sono, poi, i fondi paritetici interprofessionali che organizzano corsi di formazione per i dipendenti.
Inoltre molti contratti istituiscono gli enti bilaterali (cioè formati sia dai rappresentanti sindacali che da quelli delle associazioni datoriali) che hanno gli scopi più vari e disparati.
Il lavoratore può essere chiamato a contribuire a questi enti con una piccola trattenuta sulla busta paga, mentre l'azienda è sempre tenuta a versare la propria quota di contributi ai vari enti.
Molti si chiedono se sia proprio obbligatorio versare questi contributi aggiuntivi. La risposta semplificata è sì, anche se alcune sentenze della Cassazione sembrano escludere l'obbligo per le aziende che non sono iscritte alle associazioni di categoria.

Ben diverso è il caso delle Casse edili nate per garantire la retribuzione ed una serie di altre prestazioni agli operai edili.
Le casse si occupano di riscuotere contributi dalle aziende edili per erogare agli operai una parte della retribuzione (ferie, tredicesima e scatti di anzianità), per indennizzare parte della malattia e dell'infortunio ed erogare altre prestazioni come ad esempio il vestiario anti-infortunistico e la rappresentanza dei lavoratori in materia di sicurezza.
Il versamento alle Casse edili fa parte a tutti gli effetti della retribuzione ed è quindi assolutamente obbligatorio.

Anche i contributi per la previdenza complementare vanno trattenuti a questo punto della busta paga, ma ne parleremo diffusamente nel capitolo 7.

Trattenuta sindacale

Ogni lavoratore può liberamente scegliere di aderire ad un sindacato e di versare la relativa trattenuta sindacale.

Non vi è nessun obbligo, né per quanto riguarda l'adesione sindacale, né per la trattenuta in busta paga.

Chi opta per la trattenuta finanzia il sindacato di sua scelta con una quota solitamente pari all'1% delle voci di paga base (comunque denominata) e contingenza.

In cambio il sindacato può dargli diritto ad alcune prestazioni gratuite o a prezzo agevolato, oltre ovviamente alla rappresentanza.

Cessione del quinto e pignoramento

La cessione del quinto è una possibilità di credito offerta da alcune banche e finanziarie.

In pratica il dipendente chiede un prestito che restituirà mese per mese tramite trattenute sulla busta paga.

Il datore di lavoro si occupa quindi di trattenere dal cedolino la somma pattuita tra lavoratore e istituto di credito e versarla allo stesso.

Tale somma, per legge, non può essere superiore ad un quinto della retribuzione netta, da cui il nome di cessione del quinto.

Lo stesso limite si applica anche a chi ha subito un pignoramento su sentenza di un giudice e quindi si vede trattenere fino ad un quinto dello stipendio ogni mese per saldare i debiti nei confronti dei propri creditori.

Ovviamente in questo caso non si tratta di una scelta volontaria del lavoratore, ma di un vero e proprio obbligo legale dell'azienda di non versare una quota della retribuzione al dipendente, ma di "girarla" al creditore del dipendente indicato dal giudice.

RIASSUNTO

- I contratti collettivi prevedono il versamento di contributi che vanno a finanziare vari enti
- Il dipendente può scegliere di aderire ad un sindacato e di versare anche la trattenuta sindacale
- Il lavoratore può chiedere un prestito, rimborsandolo con una trattenuta dalla busta paga non superiore ad un quinto della retribuzione

5.3. LE IMPOSTE

Come già detto, ogni lavoratore contribuisce al funzionamento dello Stato italiano con il versamento delle imposte.
In particolare l'imposta che viene pagata sul reddito derivante dal rapporto di lavoro è l'IRPEF (imposta sul reddito delle persone fisiche[26]) ovvero quell'imposta che ognuno di noi deve pagare allo Stato per il solo fatto di avere un reddito.

Come funziona l'Irpef
La legge prevede che l'Irpef sia calcolata sulla base dell'intero reddito annuo del dipendente, ad esempio sul reddito dell'intero 2012.
Il lavoratore ha tempo per presentare la sua dichiarazione dei redditi 2012 fino a maggio 2013 e può pagare l'Irpef dovuta per il 2012 a luglio 2013[27].
Siccome lo Stato italiano non si può permettere di aspettare così a lungo per incassare i suoi soldi, la realtà è un po' diversa.
Infatti l'azienda è obbligata a trattenere ogni mese dalla busta paga del dipendente una quota a titolo di acconto sull'Irpef.
Quindi, a partire da gennaio 2012, ogni mese viene trattenuta al dipendente una cifra che costituisce un acconto dell'Irpef dovuta per il 2012.
La dichiarazione dei redditi 2012 andrà sempre presentata entro maggio 2013, ma il pagamento di luglio 2013 riguarderà solo una piccola parte dell'Irpef dovuta per il 2012 (il saldo), essendo già stata pagata mese per mese nel corso del 2012 la maggior parte dell'imposta.

A questo punto sorge un problema pratico: come fa l'azienda a gennaio 2012 a sapere quale sarà l'intero reddito 2012 del dipendente?
O ha una buona sfera di cristallo, o può solo fare una stima del reddito presunto per il 2012 e quindi dell'imposta da trattenere al dipendente mese per mese.
A dicembre 2012, l'azienda sarà in possesso dei dati complessivi per tutto

---

[26] Alcuni la chiamano IRE (imposta sui redditi). Siccome a me piace pensare che siamo ancora persone, utilizzo il più diffuso nome Irpef.
[27] ATTENZIONE! Le scadenze fiscali cambiano con estrema rapidità e sono frequenti le proroghe, anche concesse all'ultimo minuto, quindi tenetevi aggiornati.

il 2012 e opererà il <u>conguaglio fiscale</u>, cioè il ricalcolo dell'Irpef dovuta per il 2012 sulla base dei dati complessivi.

Quindi sulla busta paga di dicembre 2012 verrà trattenuta l'Irpef ancora da versare per il 2012 o, più raramente, verrà rimborsata l'Irpef versata in eccesso durante l'anno.

Perché allora, visto che a dicembre si ricalcola l'Irpef di tutto l'anno, c'è ancora bisogno di presentare la dichiarazione dei redditi 2012 e pagare il saldo per il 2012?

Perché l'azienda non è a conoscenza di tutti i dati fiscali del lavoratore, ad esempio non conosce gli eventuali altri redditi del dipendente al di fuori del rapporto di lavoro, così come non conosce gli oneri che vanno ad abbattere il reddito o l'imposta.

L'azienda si basa solo sui dati a lei noti e spetta al dipendente comunicare allo Stato, tramite la dichiarazione dei redditi, tutti gli altri dati utili al calcolo definitivo dell'Irpef.

Cud, 730 e Unico

Il modello con cui l'azienda certifica al dipendente tutte le operazioni fiscali che ha effettuato nell'anno e, in particolare, la somma trattenuta a titolo di Irpef è il <u>Cud</u> che va consegnato entro febbraio ai lavoratori.

Su tale modello sono presenti anche numerosi altri dati riguardanti le trattenute contributive ed il rapporto di lavoro in generale.

Se il lavoratore non ha altri dati fiscali, oltre a quelli riportati sul Cud, questo vale come sua dichiarazione dei redditi e non deve più versare nulla allo Stato.

Se invece, come accade più spesso, esistono altri dati fiscali, il lavoratore deve compilare la dichiarazione dei redditi tramite modello 730 oppure Unico.

Entrambi i modelli servono a dichiarare i propri redditi allo Stato, ma il <u>730</u> contiene solo i dati fiscali che più frequentemente riguardano i lavoratori dipendenti, mentre l'<u>Unico</u> contiene ogni possibile dato; pertanto se il lavoratore deve comunicare dati fiscali non presenti sul 730 (ad esempio redditi di capitale), deve per forza ricorrere all'Unico.

Il 730 va presentato presso un <u>caf</u> (centro di assistenza fiscale), presso un <u>professionista abilitato</u> (Consulente del Lavoro, Commercialista, Perito tributario) oppure presso la propria azienda, se questa offre tale servizio (in tal caso la scadenza è anticipata di un mese).

Il vantaggio del 730 è che il saldo (a credito o a debito del dipendente) viene direttamente corrisposto o trattenuto dalla busta paga di luglio.

In pratica, se il lavoratore deve ricevere un rimborso Irpef dallo Stato, lo troverà accreditato sulla sua busta paga di luglio.

Se il lavoratore è a debito con lo Stato, l'azienda tratterrà questa somma dalla busta paga di luglio.

Il caso di rimborsi è più frequente e, siccome è l'azienda ad anticipare per conto dello Stato queste somme (si comporta come un sostituto d'imposta), può capitare che sia incapiente, cioè non abbia abbastanza soldi per saldare le somme a credito per tutti i propri lavoratori.

Niente paura! In questo caso l'azienda darà una parte dei soldi dovuti ai dipendenti a luglio (fino a capienza) e rimanderà ad agosto ed eventualmente anche ai mesi successivi il resto del pagamento.

Se, invece, il lavoratore è a debito con lo Stato può scegliere sul 730 di rateizzare il proprio debito. In tal caso la trattenuta verrà effettuata sulla busta paga a rate mese dopo mese.

Più sfortunato chi deve utilizzare il modello Unico, infatti non si troverà né debiti, né crediti compensati sulla busta paga, ma dovrà provvedere da solo al pagamento del debito (utilizzando il modello F24) o alla richiesta di rimborso del credito da parte dello Stato (con tempi biblici); infatti in questo caso molti scelgono di tenere il credito in stand-by, senza chiederne il rimborso, e lo riportano sulla dichiarazione dei redditi dell'anno successivo.

Il calcolo annuale dell'Irpef

Vediamo ora come si calcola in pratica l'Irpef su base annuale (cioè in sede di dichiarazione dei redditi).

Il calcolo mensile che identifica la vera e propria trattenuta in busta paga segue lo stesso percorso, ma è basato sulla stima fatta dall'azienda del reddito presunto e non tiene conto dei dati ignoti all'azienda.

Reddito imponibile

Il valore di partenza è il reddito complessivo del lavoratore; questo include tutti i redditi possibili: da lavoro dipendente, da lavoro autonomo, da capitale, da terreni e fabbricati ecc.

Nello specifico, il reddito da lavoro dipendente[28] (parte del reddito complessivo) è uguale all'imponibile contributivo a cui vanno aggiunte le indennità a carico degli enti (Inps, Inail ecc.) che avevamo escluso dall'imponibile contributivo stesso.

Alla cifra così calcolata si sottraggono i contributi obbligatori per legge e quelli per assistenza sanitaria, ottenendo così il reddito da lavoro dipendente.

Al reddito complessivo vanno sottratti gli oneri deducibili, cioè alcune particolari spese che il dipendente sostiene per un interesse sociale e quindi non vengono tassate dallo Stato (ad esempio i contributi alla previdenza complementare)[29].

Otteniamo così il reddito imponibile, cioè quello su cui si calcolano effettivamente le imposte.

Aliquote e scaglioni

Al reddito imponibile vanno applicate progressivamente le aliquote riferite ai singoli scaglioni di reddito come da tabella sottostante

Scaglioni di reddito	Aliquota
fino a 15.000 euro	23%
da 15.001 a 28.000 euro	27%
da 28.001 a 55.000 euro	38%
da 55.001 a 75.000 euro	41%
oltre 75.000 euro	43%

Esempio

Un dipendente ha un reddito imponibile annuo di 30.000 euro.
Sui primi 15.000 paga il 23% di imposte.

---

[28] Include anche i compensi dei collaboratori e amministratori che hanno lo stesso sistema di tassazione qui descritto.
[29] Per un elenco degli oneri deducibili e detraibili 2012 andate alla pagina http://www.tusciafisco.it/dichiarazione-redditi-2012/3360-spese-deducibili-unico-2012.html

Sui successivi 13.000 (cioè 28.000, il limite del secondo scaglione, meno i 15.000 su cui ha già pagato l'imposta) paga il 27%.
Sui rimanenti 2.000 (cioè i 30.000 totali meno i 28.000 su cui ha già pagato l'imposta) paga il 38%.
Il calcolo è:

15.000 x 23% = 3.450
13.000 x 27% = 3.510
 2.000 x 38% =   760
Irpef totale   7.720

Oneri detraibili e detrazioni

L'imposta così calcolata è l'Irpef lorda. Non è la somma che viene versata allo Stato, perché da questa vanno sottratti gli oneri detraibili e le detrazioni d'imposta.

Gli oneri detraibili sono spese che il dipendente sostiene per un interesse sociale di minore importanza rispetto agli oneri deducibili e che subiscono una minore tassazione dallo Stato (ad esempio spese mediche, attività sportive dei figli, spese per colf e badanti, ristrutturazioni edilizie, acquisto di certi elettrodomestici ecc.).

Le detrazioni[30] sono degli abbattimenti d'imposta riconosciuti per alcune condizioni specifiche.

Le due detrazioni che interessano i lavoratori dipendenti sono quelle per lavoro dipendente e per familiari a carico.

Le detrazioni per lavoro dipendente spettano a tutti i dipendenti che hanno un reddito annuo inferiore a 55.000 euro.

Dipendono dal reddito, quindi più alto è il reddito minore è la detrazione e viceversa. La detrazione massima è di 1.840 euro e spetta a tutti coloro che hanno un reddito inferiore a 8.000 euro. La detrazione si abbassa progressivamente fino ad annullarsi per un reddito di 55.000 euro.

Queste detrazioni vengono riproporzionate in caso di rapporti di lavoro inferiori all'anno sulla base dei giorni solari di durata del lavoro dipendente (massimo 365).

Le detrazioni per familiari a carico spettano a chi contribuisce al mantenimento di familiari privi di reddito proprio.

Perché un familiare possa essere a proprio carico devono ricorrere le

---

[30] Per approfondimenti andate sul blog bustapagafacile.blogspot.com

seguenti condizioni:
- il familiare deve essere il coniuge, il figlio, un genitore (un nonno in sua assenza), un genero, una nuora, un suocero/a, un fratello o una sorella del lavoratore
- il lavoratore deve contribuire economicamente al suo mantenimento
- il familiare non deve avere un proprio reddito annuo complessivo superiore a 2.840,51 euro

Tanto per avere un'idea, la detrazione massima per il coniuge è di 800 euro per chi ha un reddito pari a zero e si riduce progressivamente fino ad annullarsi a 80.000 euro di reddito.

Per ogni figlio è di 800 euro per chi ha reddito nullo e si riduce progressivamente fino a zero con 95.000 euro di reddito.

Per i figli minori di tre anni o disabili, così come per le famiglie con almeno 4 figli a carico, la detrazione è aumentata.

Un ulteriore detrazione "bonus" di 1.200 euro viene riconosciuta alle famiglie con almeno 4 figli a carico.

La detrazione è suddivisa tra tutti coloro che si occupano del mantenimento economico del familiare in parti uguali. Per la divisione delle detrazioni per i figli ci sono regole particolari che analizzeremo nel paragrafo dei "trucchi".

Irpef netta

Sottraendo gli oneri detraibili e le detrazioni dall'Irpef lorda otteniamo l'Irpef netta, cioè quella che effettivamente va versata allo Stato.

Siccome il calcolo, come avrete notato, è molto complesso non vi accompagnerò nei suoi meandri, ma vi rimando al sito www.irpef.info per un calcolo automatico e molto facile della vostra Irpef con la possibilità di fare tutte le simulazioni che volete.

Ritengo invece molto utile svelarvi alcuni "trucchi" che vi eviteranno brutte sorprese (tipo non prendere lo stipendio a dicembre).

Alcuni trucchi

Facciamo una doverosa premessa: LE TASSE VANNO PAGATE!

Non arrivo all'eccesso di dire che è bellissimo pagarle, come ha fatto un famoso ministro, ma se vogliamo che lo Stato funzioni dobbiamo assolutamente finanziarlo[31].

Questo paragrafo, quindi, non riguarda l'evasione fiscale, ma come evitare brutte sorprese in fase di conguaglio e dichiarazione dei redditi.

Infatti in queste due occasioni si procede al ricalcolo delle imposte totali e si deve dare allo Stato ciò che non si è pagato in precedenza, ma è ancora dovuto. Se questa cifra ancora da pagare è molto alta, si rischia di prendere pochissimo stipendio a dicembre (conguaglio) o a luglio (saldo 730).

Il caso contrario, cioè il fatto di essere rimborsati per quello che si è già pagato in eccesso è, ovviamente, meno drammatico, ma perché lasciare inutilmente i nostri soldi per un po' nelle casse dello Stato?

Allora vediamo come fare.

Trucco 1: più redditi durante l'anno

Ricordate cosa fa l'azienda ogni mese? Tenta di indovinare quale sarà il vostro reddito alla fine dell'anno.

Se lavorate tutto l'anno nella stessa azienda, la stima mese per mese sarà probabilmente abbastanza attendibile: dopotutto la retribuzione è più o meno simile ogni mese.

Ma se lavorate per diverse aziende (anche a tempo determinato) o avete altre fonti di reddito oltre al lavoro dipendente, l'azienda che opera il conguaglio non ne può essere a conoscenza e quindi presume che abbiate un reddito molto più basso di quello che realmente avete, applicando di conseguenza una tassazione molto più bassa di quella che dovreste subire.

Quando si fa la dichiarazione dei redditi, vengono inseriti tutti i redditi e si scopre che la tassazione applicata dall'azienda è stata troppo bassa, quindi vi tocca pagare la differenza che rischia di essere molto alta.

La soluzione? Dichiarare all'azienda durante l'anno che avete altri redditi (con il rispettivo importo) e che volete che ne tenga conto per il calcolo dell'Irpef.

Analogamente in caso di più rapporti di lavoro nel corso dell'anno è opportuno far conoscere al nuovo datore di lavoro i redditi e la tassazione applicata dai datori precedenti, meglio se presentando il Cud rilasciato dall'azienda "vecchia" su vostra richiesta.

So che non è bello far sapere i fatti propri all'azienda, ma se volete

---

[31] E se vogliamo che funzioni bene dobbiamo essere buoni cittadini ogni giorno e scegliere con cura i nostri rappresentanti.

prendere lo stipendio a luglio è l'unica soluzione.

Trucco 2: i familiari a carico

L'azienda applica le detrazioni d'imposta per i familiari a carico solo se viene a conoscenza della situazione familiare del dipendente da parte del lavoratore.

Ed applica le eventuali variazioni al numero dei familiari a carico solo se vengono comunicate da parte del dipendente.

Le variazioni che comportano una minore tassazione (matrimonio con coniuge a carico, nascita di un figlio, perdita del reddito da parte di un familiare …) vanno comunicate all'azienda, altrimenti questa continua ad applicare la precedente tassazione più alta.

E a maggior ragione vanno comunicate le variazioni familiari che comportano una tassazione più alta (separazione da coniuge a carico, figlio o coniuge che trova lavoro, superamento della soglia di reddito di un familiare …), altrimenti l'azienda continua ad applicare la precedente tassazione più bassa e in sede di dichiarazione dei redditi, si avrà un saldo a debito molto alto a causa della nuova situazione familiare non considerata in precedenza.

Trucco 3: come ci dividiamo i figli

Come già detto, le norme per suddividere la detrazione di un figlio a carico tra i genitori sono particolari; infatti se i genitori (coniugati o no, non importa) vanno d'accordo possono fare due scelte:
- prendere ognuno il 50% della detrazione spettante
- dare tutta la detrazione al genitore che ha il reddito più alto e nulla a quello che ha il reddito più basso

Siccome la detrazione per il figlio non è in cifra fissa, ma dipende dal reddito di ognuno dei due genitori, non esiste una soluzione ideale per tutti, ma bisogna valutare caso per caso.

L'aiuto del solito sito www.irpef.info è fondamentale per individuare cosa conviene fare, il mio consiglio è di farlo già all'inizio dell'anno stimando i dati presunti e comunicarlo all'azienda, in modo da non avere sorprese al conguaglio.

Sappiate però che se avete un reddito basso e la vostra Irpef lorda è già inferiore alle detrazioni, non pagherete ovviamente alcuna Irpef, ma non usufruirete neppure dell'intera detrazione (non esiste infatti la possibilità di un'Irpef netta negativa).

In altri termini "perdete" una parte delle detrazioni e non potete recuperarla in alcun modo (in termine tecnico siete incapienti)[32].

In caso di affidamento dei figli ad uno dei genitori la detrazione spetta al 100% al genitore affidatario, mentre se l'affido è congiunto la detrazione è suddivisa al 50% tra i genitori.

In queste situazioni se un genitore è incapiente, la detrazione viene data provvisoriamente per intero all'altro che ne verserà il 50% od il 100% all'altro genitore.

Detassazione

Un regime particolare di imposizione fiscale detto imposta sostituiva o detassazione è previsto sulle somme erogate in relazione ad incrementi di produttività ed efficienza organizzativa[33] definite da accordi collettivi di 2° livello.

Queste cifre vengono escluse completamente dall'Irpef ordinaria e vengono tassate al 10%, non rientrando in tutto ciò che abbiamo detto sopra.

Solo 6.000 euro di reddito annui possono godere di questo beneficio e solo i dipendenti di aziende private con un reddito inferiore a 40.000 euro nell'anno precedente ne possono usufruire.

Ovviamente se il dipendente ha un reddito molto basso e paga già un'imposta più bassa del 10% può richiedere di non applicare questo sistema.

Addizionali regionale e comunale

Finora abbiamo finanziato lo Stato, ma in un sistema abbastanza federalista come il nostro, anche la Regione ed il Comune in cui risiediamo vogliono la loro parte di Irpef.

Sono le cosiddette addizionali regionale e comunale che vanno a

---

[32] Fa eccezione la detrazione bonus per famiglie numerose che viene corrisposta anche in caso di incapienza.

[33] L'interpretazione dell'Agenzia delle Entrate è piuttosto estensiva e quindi in questa definizione possono rientrare ad esempio gli straordinari, le maggiorazioni per lavoro notturno, festivo e a turni, i premi ecc.

finanziare le autonomie locali.

In particolare il Comune in cui il lavoratore risiede al 1° gennaio di ogni anno e la Regione in cui risiede al 31 dicembre di ogni anno.

Le modalità di calcolo sono molto semplici, più complicato il sistema di pagamento.

Calcolo delle addizionali

Molto semplicemente l'addizionale da pagare alla Regione è pari al reddito imponibile per l'aliquota Irpef stabilita dalla Regione.

Stessa formula per l'addizionale comunale: reddito imponibile x aliquota Irpef comunale.

Sono imposte cosiddette "secche" perché non usufruiscono di sconti di nessun tipo.

Alcuni enti locali prevedono, in realtà, sistemi di calcolo più complessi come ad esempio l'utilizzo di varie aliquote per diversi scaglioni di reddito, detrazioni per redditi bassi ecc.

Ogni ente ha quindi il potere di stabilire sistemi diversi ed articolati purché l'aliquota non superi quella massima prevista per legge (attualmente 2,03% per le Regioni e 0,8% per i Comuni).

Per un elenco delle addizionali attualmente in vigore andate su:

http://www.finanze.gov.it/export/finanze/Per_conoscere_il_fisco/Fiscalita _locale/index.htm

Non deve pagare le addizionali chi non paga l'Irpef allo Stato, a causa di un reddito basso.

Pagamento delle addizionali

Anche queste vengono trattenute dalla busta paga del lavoratore, ma con un sistema diverso dall'Irpef "nazionale".

Partiamo dall'addizionale regionale.

Il dipendente nel corso del 2012 non paga nulla.

A dicembre 2012 viene effettuato il calcolo dell'addizionale dovuta per il 2012 sui dati fiscali complessivi a conoscenza dell'azienda, ma il dipendente non paga ancora nulla.

L'addizionale regionale 2012 viene pagata in 11 comode rate "a interessi zero" a partire da gennaio 2013.

In sede di dichiarazione dei redditi viene calcolata l'addizionale realmente dovuta per il 2012 sulla base di tutti i dati fiscali e, per chi fa il 730, viene effettuato il saldo sul cedolino di luglio 2013.

Il sistema di pagamento dell'addizionale comunale è simile, però i comuni vogliono un acconto sull'addizionale comunale già nel corso del 2012.
In particolare vogliono il 30% dell'importo presunto per il 2012 e lo vogliono in 9 rate a partire da marzo 2012.
Come nel caso precedente il saldo dell'addizionale comunale avverrà in 11 rate nel corso del 2013 ed il saldo 730 con la retribuzione di luglio 2013.

RIASSUNTO
- Tutti i dipendenti devono pagare l'Irpef annuale tramite trattenute mensili sulla busta paga
- Il pagamento avviene in acconto su dati presuntivi nel corso dell'anno ed in conguaglio su dati complessivi a dicembre
- Se esistono dati ignoti all'azienda, il lavoratore deve fare la dichiarazione dei redditi e saldare il dovuto o chiedere il rimborso delle somme a credito
- Se il dipendente ha fatto il 730, il saldo appare sul cedolino di luglio
- I dipendenti devono comunicare tempestivamente i dati per il calcolo corretto dell'Irpef all'azienda

COMPITI A CASA
Individuate sul vostro cedolino tutte le voci relative all'Irpef: reddito imponibile (o imponibile fiscale), Irpef lorda, detrazioni, Irpef netta, addizionali regionale e comunale.
Utilizzate questi valori per fare delle simulazioni su www.irpef.info sulla variazione del vostro reddito, sulla suddivisione delle detrazioni, sull'incidenza della detassazione, sulla nascita di un figlio ecc.
Se utilizzate la vostra reale situazione familiare e, variando il reddito annuo, riuscite a far coincidere l'Irpef netta con quella che vi viene realmente trattenuta sul cedolino, bravi: siete riusciti a calcolare il reddito presunto!
Se questo è troppo alto o basso rispetto a quello che prevedete di ottenere per l'anno in corso potete segnalarlo all'azienda compilando l'apposito modulo.
Un buon esempio di modulo per la comunicazione del reddito e richiesta

delle detrazioni (che comunque vi dovrebbe essere consegnato dall'azienda) è alla pagina:
http://www.studiogabbiani.it/cpanel/latoadmin/prodotti/immagini/pdf_59.pdf

Un giochino solo per i più bravi in matematica: calcolate l'Irpef netta di un lavoratore che guadagna, ad esempio, 20.000 euro l'anno. Fate il calcolo di quale percentuale del suo reddito viene destinata allo Stato.

Ora supponiamo che lo stesso lavoratore l'anno successivo abbia un aumento di retribuzione pari all'inflazione, mettiamo del 4%.

Come capite bene il fatto di guadagnare ora 20.800 euro l'anno non vuol dire che è più ricco, perché con questi soldi compra gli stessi beni e servizi che comprava l'anno scorso.

Calcolate ora l'Irpef netta e la percentuale di reddito destinata allo Stato.

Sorpresa! Lo Stato gli ha aumentato le tasse. Nonostante il suo tenore di vita non sia assolutamente cambiato. Questo fenomeno si chiama "fiscal drag" e significa semplicemente che un governo che non diminuisce le imposte ogni anno, le sta alzando anche se nessuno se ne accorge.

6. ALCUNE VOCI UN PO' PIÙ COMPLICATE

Ora che abbiamo visto la busta paga completa, dall'inizio alla fine, facciamo un passo indietro e analizziamo alcune voci della parte centrale che abbiamo "saltato" perché un po' più complicate.

Ma adesso che siete diventati quasi esperti possiamo affrontarle senza paura.

Malattia

I lavoratori hanno diritto di assentarsi dal lavoro se le condizioni di salute non permettono di svolgere le proprie mansioni.

L'assenza va certificata obbligatoriamente da un medico il quale, dopo aver effettuato una visita, inserisce tutti i dati relativi alla malattia sul sito dell'Inps che ha quindi subito a disposizione il certificato e ne invia anche copia all'azienda.

Non è più possibile giustificare la malattia con certificati cartacei.

Gli unici obblighi del dipendente sono quelli di: avvisare l'azienda della propria assenza non appena si ammala, chiamare il medico al massimo entro il giorno successivo e, se gli viene richiesto, comunicare all'azienda il numero di protocollo informatico del certificato che viene indicato dal medico[34].

Il datore di lavoro e l'Inps possono controllare se il dipendente è veramente malato inviando un medico del servizio pubblico presso la dimora del lavoratore che è indicata dal medico curante in fase di inserimento dei dati.

Il dipendente è tenuto a rimanere in casa ogni giorno di malattia dalle 10.00 alle 12.00 e dalle 17.00 alle 19.00 (le cosiddette fasce di reperibilità che si estendono dalle 8.00 alle 13.00 e dalle 14.00 alle 20.00 per i dipendenti pubblici).

In caso di assenza alla visita di controllo il lavoratore perde l'indennità Inps ed è soggetto a sanzioni disciplinari che possono arrivare al licenziamento.

---

[34] Per accedere ai propri certificati di malattia e ai numerosissimi servizi e procedure da fare obbligatoriamente online sul sito www.inps.it occorre richiedere sullo stesso sito il codice pin.

Se la malattia si prolunga oltre un certo periodo di tempo stabilito dai contratti collettivi (detto periodo di comporto, solitamente non inferiore a sei mesi), il lavoratore può essere licenziato.

I dirigenti, gli impiegati dell'industria, dell'artigianato e del credito, i portieri, i dipendenti pubblici non percepiscono nulla dall'Inps ed è quindi l'azienda a preoccuparsi di garantire la retribuzione ai dipendenti.
Per tutti gli altri il sistema di pagamento è misto: parte dall'Inps e parte dall'azienda.

Indennità Inps
L'Inps paga un'indennità pari al 50%[35] della retribuzione per i giorni di malattia dal 4° al 20°, e dei 2/3 per i giorni successivi, fino ad un massimo di 180 in ogni anno solare.
Non è previsto nessun pagamento per i primi 3 giorni di malattia che sono detti carenza.
Il calcolo della retribuzione fatto dall'Inps è molto particolare e tiene conto anche delle mensilità aggiuntive, pertanto la retribuzione presa come base di calcolo dall'Inps è più alta di quella di riferimento giornaliera.
L'Inps indennizza 7 giorni alla settimana agli impiegati e 6 agli operai[36], ovviamente per non fare differenze la base di calcolo della retribuzione giornaliera per gli operai è più alta.

Integrazione azienda
L'azienda corrisponde un'integrazione all'indennità Inps che serve a garantire al lavoratore la stessa retribuzione che avrebbe avuto se fosse andato a lavorare.
Alcuni contratti collettivi, invece, prevedono che non venga data al lavoratore la retribuzione piena per tutto il periodo di malattia, ma solo una certa percentuale.
In ogni caso l'azienda è responsabile di corrispondere al lavoratore la differenza tra la retribuzione garantita prevista dal contratto e l'indennità corrisposta dall'Inps.

---

[35] Nei pubblici esercizi è l'80% dal 4° giorno in poi, per i lavoratori dello spettacolo il 60% dal 4° al 20° e l'80% dal 21° in poi.
[36] Sono escluse dal pagamento dell'indennità le festività cadenti di domenica per gli impiegati e tutte le domeniche e le festività per gli operai.

Un po' diversa la situazione per i giorni di carenza: infatti in questo periodo l'Inps non interviene e la retribuzione è completamente a carico dell'azienda.

Diversi contratti collettivi prevedono però che la carenza venga pagata solo se la malattia è lunga (di solito oltre i 7 giorni), mentre se è corta non vi è alcuna retribuzione per i tre giorni di carenza.

Sistema orario

Prendiamo, ad esempio, un operaio assente per malattia per un'intera settimana dal lunedì alla domenica.

L'Inps non paga al lavoratore i primi tre giorni (carenza), né la domenica (perché operaio); quindi indennizza solo i giorni dal giovedì al sabato, indipendentemente dal reale orario di lavoro del dipendente.

Il contratto collettivo prevede, nel nostro esempio, che l'azienda integri l'indennità Inps fino a raggiungere il 100% della retribuzione normale.

Cioè fino a 40 ore di retribuzione nella settimana.

Il cedolino sarà così:

```
LAV.ORD.              128    7,65        979,20
IND.INPS MALATTIA       3   27,18         81,54
CARENZA MALATTIA       24    7,65        183,60
INT.MAL.C/DITTA                           32,61
```

L'indennità Inps è calcolata su 3 giorni al 50% della retribuzione particolare dell'Inps (54,36 euro, più alta di quella giornaliera di 50 euro).

La carenza è totalmente a carico dell'azienda ed è pari alla normale retribuzione di 3 giornate di lavoro (da lunedì a mercoledì per 24 ore).

L'integrazione malattia conto ditta va a garantire al lavoratore tutto quello che manca per arrivare a 40 ore piene di retribuzione nella settimana.

Alt! Fermi tutti! 40 ore di retribuzione a 7,65 euro l'ora fa 306 euro totali.

La somma delle voci di malattia è invece 81,54 + 183,60 + 32,61 = 297,75.

Dove sono finiti gli 8,25 euro mancanti?

Sono esattamente il risparmio che il dipendente realizza per il fatto di non pagare i contributi sull'indennità di malattia Inps.

In altre parole questo mese il dipendente paga 8,25 euro di contributi in meno perché è stato malato (in termini tecnici si chiama lordizzazione).

Sistema mensilizzato

Il cedolino dello stesso lavoratore dell'esempio precedente sarà:

```
LAV.ORD.                            1300,00
IND.INPS MALATTIA    3   27,18        81,54
CARENZA MALATTIA     3   50,00       150,00
INT.MAL.C/DITTA                       60,21
TRATTENUTA MAL.      6  -50,00      -300,00
```

L'indennità Inps è calcolata come prima perché il dipendente è sempre un operaio.

La carenza malattia riguarda 3 giorni (dal lunedì al mercoledì) pagati con la normale retribuzione di riferimento giornaliera.

L'integrazione malattia conto ditta garantisce al lavoratore di arrivare alla retribuzione piena di 3 giornate di lavoro (dal giovedì al sabato, essendo la domenica giorno di riposo settimanale).

E come prima mancano gli 8,25 euro di risparmio contributivo che permettono di arrivare a 300 euro pari ad un'intera settimana di retribuzione (6 giorni a 50 euro).

Qui però appare anche un'altra voce: la trattenuta per malattia.

Ma come, un dipendente è malato e noi gli andiamo pure a trattenere dei soldi?

Come al solito è un effetto del sistema mensilizzato: in realtà i giorni di malattia gli sono già stati pagati sia come lavoro ordinario, sia come malattia, quindi due volte.

La trattenuta appare allo scopo di pagare una sola volta le giornate di malattia.

E' un modo di scrivere i cedolini molto cervellotico, io preferisco i software che scrivono così:

```
LAV.ORD.            20   50,00      1000,00
IND.INPS MALATTIA    3   27,18        81,54
CARENZA MALATTIA     3   50,00       150,00
INT.MAL.C/DITTA                       60,21
```

In pratica dai 26 giorni "standard" del lavoro ordinario sottraggono già quelli di malattia (6) che vengono pagati nelle voci successive.

Può succedere in alcuni casi che l'indennità Inps sia già più alta della retribuzione garantita dall'azienda che, in tal caso, non deve corrispondere nulla al lavoratore.

La retribuzione garantita non include le maggiorazioni per lavoro domenicale o notturno, né le altre indennità relative al lavoro effettivamente prestato.

Quindi la retribuzione dei mesi di malattia può essere inferiore a quella consueta per la mancanza di queste somme.

Infortunio sul lavoro

Si ha un infortunio sul lavoro quando una causa violenta (urto, caduta, inciampo ecc.) avvenuta in un'occasione di lavoro[37] provoca un danno alla salute del dipendente.

Tra le occasioni di lavoro rientrano anche i normali spostamenti dalla dimora al luogo di lavoro effettuati, quando possibile, con i mezzi pubblici (sono i cosiddetti infortuni in itinere).

Il lavoratore infortunato deve avvisare l'azienda dell'assenza e presentare i certificati medici di infortunio.

Il dipendente è soggetto ai controlli come nel caso della malattia, ma in caso di infortunio non sono previste fasce di reperibilità, quindi il lavoratore assente al controllo può presentarsi presso l'Inail per farsi visitare, senza incorrere in sanzioni.

Neanche il periodo di comporto è previsto da molti contratti collettivi in caso di infortunio.

La retribuzione nei giorni di assenza per infortunio è in parte a carico dell'Inail e in parte a carico dell'azienda. Il suo calcolo è analogo a quello della malattia.

L'Inail, però indennizza tutti i lavoratori per 7 giorni settimanali senza limiti di durata.

L'indennità è pari al 60% della retribuzione dal 4° al 90° giorno successivo all'infortunio e sale al 75% per i giorni successivi.

Anche qui l'Inail prende come base una retribuzione particolare più alta di quella giornaliera.

L'azienda è responsabile della retribuzione per il giorno dell'infortunio e

---

[37] La Cassazione si è pronunciata numerose volte su cosa sia un'occasione di lavoro. Diciamo semplificando che ci deve essere una qualche relazione tra l'attività lavorativa e l'infortunio.

per i 3 successivi (carenza), dopodiché deve integrare quanto corrisposto dall'Inail fino a raggiungere la retribuzione garantita prevista dal contratto collettivo.

Una fondamentale differenza con il caso della malattia è che il pagamento dell'indennità Inail può anche non avvenire in busta paga, ma direttamente al lavoratore con un assegno "fuori busta" da parte dell'Inail. La parte che riguarda l'azienda è comunque sempre indicata e retribuita nella busta paga.

Maternità

In bocca al lupo! Crescere un figlio è un'avventura meravigliosa e complicata.

Lo Stato per aiutarvi nel vostro compito di rilevanza sociale vi concede numerose assenze dal lavoro.

E per legge le donne non possono essere licenziate da quando rimangono incinte fino ad un anno di vita del bambino (salvo cessazione dell'attività aziendale).

Congedo di maternità

E' la classica assenza obbligatoria che spetta alla lavoratrice in gravidanza.

Il congedo di maternità inizia due mesi prima della data presunta del parto e termina tre mesi dopo la data effettiva del parto.

Anche in caso di parto prematuro, comunque la lavoratrice ha diritto a cinque mesi complessivi di assenza.

Questo periodo può essere anticipato su provvedimento dell'Asl in caso di problemi di salute o della Direzione Territoriale del Lavoro per lavori eccessivamente faticosi.

Può anche essere posticipato di un mese (da un mese prima del parto a quattro mesi dopo) se la futura mamma, in buona salute, ne fa richiesta con certificato medico.

Il congedo può essere utilizzato dal padre in caso di decesso, grave infermità o abbandono della madre (in tal caso è un congedo di paternità).

La richiesta di congedo va presentata telematicamente all'Inps, allegando il file con il certificato della data di parto presunto; la ricevuta della presentazione telematica va inviata all'azienda.

L'Inps paga l'80% della retribuzione per tutto il periodo del congedo con le stesse regole della malattia, mentre solo pochi contratti collettivi prevedono un'integrazione da parte dell'azienda.

Congedo parentale

E' un'assenza facoltativa che spetta ad ogni genitore per ogni figlio fino agli 8 anni di età.

Il papà si può assentare per congedo parentale per un massimo di 7 mesi, mentre la mamma "solo" per 6 mesi.

La somma dei periodi di congedo parentale presi dai due genitori non può comunque essere superiore a 11 mesi, quindi se la madre usufruisce di 6 mesi, il padre non può prenderne più di 5.

Il genitore solo può assentarsi fino a 10 mesi.

Non è necessario che il periodo di congedo parentale sia continuativo, ma può essere frazionato quanto si vuole fino anche ad un solo giorno di assenza per volta.

La richiesta di congedo va presentata telematicamente all'Inps e all'azienda con congruo preavviso.

L'Inps paga il 30% della retribuzione per i periodi di congedo parentale compresi entro i 3 anni del figlio e, comunque, per un massimo di 6 mesi complessivi tra i due genitori.

I periodi ulteriori sono indennizzati solo se il genitore richiedente ha un reddito basso (attualmente inferiore a euro 15.221,37 nell'anno precedente).

Non è prevista un'integrazione da parte dell'azienda.

Riposi giornalieri

La mamma ha diritto a due ore giornaliere di assenza dal lavoro nel primo anno di vita del figlio, i cosiddetti riposi giornalieri (popolarmente detti per "allattamento").

Se la madre non ne ha diritto (ad esempio perché disoccupata o lavoratrice autonoma) o non ne usufruisce, li può godere il padre, ma non è possibile la contemporanea assenza dei due genitori.

Chi ha un orario di lavoro inferiore alle 6 ore può godere solamente di un'ora di riposo giornaliero[38].

---

[38] Conta l'orario di lavoro della singola giornata. Ad esempio chi lavora 7 ore al giorno dal lunedì al venerdì e 5 ore il sabato, può prendersi 2 ore di riposi giornalieri dal lunedì al venerdì e solo 1 ora il sabato. Se nell'azienda è presente un asilo nido si ha diritto a sola mezz'ora di riposi al giorno.

Le ore di riposo giornaliero non sono cumulabili con i permessi o altre assenze.

In caso di parto gemellare le ore vengono raddoppiate.

L'Inps indennizza i riposi giornalieri al 100% della retribuzione normale.

Malattia del figlio

I genitori possono assentarsi dal lavoro per assistere il figlio malato nei primi 8 anni di vita.

L'assenza è senza limiti nei primi 3 anni, dopodiché è possibile solo per 5 giorni all'anno per ogni genitore.

Non è possibile la contemporanea assenza dal lavoro dei due genitori che quindi devono alternarsi nell'assistere il figlio.

La malattia va certificata all'azienda; non è comunque prevista alcuna retribuzione, né indennità.

Cassa integrazione guadagni

In caso di difficoltà che riguardano l'azienda e che non le consentono di far lavorare i dipendenti, l'Inps interviene con lo strumento della Cassa Integrazione Guadagni (Cig) che garantisce ai lavoratori forzatamente assenti dal lavoro un'indennità teoricamente pari all'80% della retribuzione, ma in realtà spesso di importo fisso (il cosiddetto massimale che non può essere superato).

La Cig può essere:

- ordinaria: quando riguarda eventi transitori (rottura macchinari, fine lavori, danni atmosferici ecc.)

- straordinaria: relativa a situazioni di crisi aziendale con esito spesso negativo per l'occupazione dei lavoratori

- speciale: per gli operai edili che non possono lavorare nei cantieri all'aperto a causa della pioggia o del vento.

Solo le aziende tenute al pagamento dei contributi per la Cig possono accedervi, si tratta in linea di massima delle aziende industriali.

Inoltre, né i dirigenti, né gli apprendisti hanno diritto ad usufruirne.

Per i settori ed i dipendenti privi di questo ammortizzatore sociale è stata temporaneamente istituita la Cig in deroga che viene concessa anche a chi normalmente non ne avrebbe diritto.

In ogni caso, l'intervento della Cig non è automatico, ma deve essere preceduto da un accordo sindacale (salvo ovviamente il caso di eventi meteorologici) che riguardi l'individuazione dei lavoratori da sospendere e le modalità della sospensione (a zero ore, parziale, a rotazione ecc.). Successivamente all'accordo, la Cig va autorizzata da un'apposita commissione del Ministero del Lavoro, dell'Inps o della Regione.

In molti casi l'azienda anticipa ai lavoratori di tasca propria le somme che dopo qualche mese l'Inps restituirà all'azienda stessa. In altri casi non c'è anticipazione ed è l'Inps a pagare direttamente i lavoratori in Cig.

Assegni familiari

Sono una somma di denaro corrisposta dall'Inps ai nuclei familiari dei lavoratori dipendenti al di sotto di una certa soglia di reddito.

Gli assegni per il nucleo familiare (anf) spettano ad ogni famiglia che ne faccia richiesta ed il suo importo è basato sul numero dei componenti del nucleo familiare e sul suo reddito.

I componenti ammessi nel nucleo sono esclusivamente:

- il lavoratore dipendente che li richiede
- il coniuge (con esclusione quindi dei conviventi, separati o divorziati)
- i figli minorenni
- i figli maggiorenni, solo se inabili e non coniugati
- i figli da 18 a 21 anni solo se studenti o apprendisti e solo per i nuclei con almeno 4 figli sotto i 26 anni
- i fratelli, le sorelle e i nipoti se sono minorenni (anche maggiorenni se inabili), orfani, senza pensione ai superstiti e non coniugati

I nuclei con un solo genitore (perché convivente, divorziato o single), quelli che hanno dei componenti inabili od orfani e quelli che hanno figli dai 18 ai 21 anni devono richiedere telematicamente una specifica autorizzazione all'Inps prima di poter usufruire degli assegni.

In caso di divorzio, i figli rimangono nel nucleo del genitore affidatario il quale, se non lavora come dipendente, può richiederli all'azienda dove lavora l'ex coniuge.

Anche in caso di affidamento congiunto i figli rientrano nel nucleo di uno solo dei due genitori.

Il reddito da prendere a riferimento è quello totale di tutti i componenti del nucleo familiare.

Gli assegni non spettano se il reddito proveniente da lavoro dipendente (incluse le collaborazioni e le pensioni) è inferiore al 70% del reddito totale.

La richiesta di assegni familiari va fatta tutti gli anni entro giugno ed ha validità fino al giugno dell'anno successivo.
Ad esempio, le richieste presentate entro giugno 2012 valgono da luglio 2012 a giugno 2013, salvo variazioni del nucleo familiare per cui occorre effettuare una nuova richiesta.
Il reddito da indicare è quello dell'anno precedente l'inizio del periodo di riferimento, quindi, nel caso in esame, il reddito del 2011.
In caso vi siate dimenticati di presentare una o più richieste potete comunque chiedere gli arretrati degli ultimi 5 anni, presentando le "vecchie" richieste alle aziende in cui lavoravate all'epoca.
Per calcolare al volo gli assegni che vi spettano andate sul sito www.irpef.info
Gli assegni familiari sono esenti da contributi e da Irpef quindi la cifra riportata sul cedolino è già quella netta che va in tasca al lavoratore.

Mensilità aggiuntive
Una delle gioie più grandi del lavoro dipendente sono la tredicesima e la quattordicesima, le mensilità aggiuntive che vengono date "gratis" ai lavoratori oltre alle mensilità normali.
In realtà lo stipendio annuo è diviso in 13 (o 14) parti anziché in 12 perché possa essere speso in regali di Natale e vacanze.
La tredicesima è corrisposta infatti in occasione del Natale (o qualche giorno prima a seconda dei contratti) viene infatti anche detta gratifica natalizia, mentre la quattordicesima è pagata a giugno o a luglio, sempre secondo quanto previsto dai contratti.
La quattordicesima è tipica solitamente dei contratti del terziario e non di quelli dell'industria e artigianato.
L'importo delle mensilità aggiuntive è pari alla retribuzione di riferimento mensile.
Per chi ha lavorato meno di un anno va divisa per 12 e moltiplicata per il numero di mesi lavorati[39].
In questo caso si prende come riferimento per il calcolo il periodo gennaio

---

[39] Come già detto per le ferie ed i permessi, i contratti collettivi stabiliscono come calcolare i mesi non interi.

– dicembre per la 13^ e luglio – giugno per la 14^.

Ci sono alcuni casi in cui le mensilità aggiuntive subiscono delle diminuzioni:
- congedo di maternità (solo in alcuni contratti è previsto un importo minore per le mensilità aggiuntive durante questo periodo)
- congedo parentale (non spettano le mensilità aggiuntive durante tale periodo)
- sciopero (viene trattenuta una quota pari alle ore di sciopero nell'anno)
- assenze non retribuite (ritardi, malattia del figlio ecc., viene trattenuta una quota pari alle ore di assenza)
- cassa integrazione guadagni a zero ore (non maturano le mensilità aggiuntive)
- aspettative (non maturano le mensilità aggiuntive)
Negli altri casi di assenze indennizzate (malattia, infortunio, ecc.) le mensilità aggiuntive non subiscono alcuna diminuzione.

RIASSUNTO
- Durante la malattia il dipendente può stare assente entro il periodo di comporto e viene indennizzato dall'Inps (in alcuni casi) e dall'azienda
- Durante l'assenza per infortunio il lavoratore viene indennizzato dall'Inail e dall'azienda
- Varie assenze sono previste per i genitori ed è l'Inps ad occuparsi delle relative indennità
- In caso di difficoltà aziendali può essere autorizzato l'intervento della Cassa integrazione guadagni
- Ai nuclei familiari spettano gli assegni per il nucleo familiare a seconda del reddito e del numero dei componenti
- Le mensilità aggiuntive vengono date dall'azienda ai dipendenti una o due volte l'anno

COMPITI A CASA
Prendete un cedolino con la malattia e isolate le voci che la riguardano.
Individuate l'indennità Inps e il resto delle voci a carico dell'azienda, inclusa l'eventuale trattenuta.
Individuate sul vostro ccnl la retribuzione garantita per i giorni di malattia, potrebbe essere il 100% della retribuzione normale o una

percentuale inferiore, così come potrebbe essere una percentuale variabile secondo la lunghezza della malattia (ad esempio 75% dal 4° al 20° giorno e 100% dal 21° in poi).

Fate il calcolo della retribuzione garantita cioè la percentuale indicata dal ccnl di quella che avreste percepito se foste andati a lavorare.

Tralasciando i giorni di carenza (che in certi contratti come detto può non essere pagata, verificatelo sul vostro ccnl) controllate che la somma di indennità inps e integrazione aziendale sia di poco inferiore alla retribuzione garantita.

Ricordate che la differenza ancora residua è data dal risparmio contributivo.

Solo per i più bravi in matematica, calcolate il risparmio contributivo:

Risparmio contributivo = indennità Inps x aliquota contributiva conto dipendente / (100% - aliquota contributiva conto dipendente)

Per le malattie a cavallo di due mesi una parte della retribuzione potrebbe essere stata data nel primo mese e una il mese successivo, quindi è meglio fare il calcolo sull'intero periodo di malattia.

7. IL TFR

Il Trattamento di Fine Rapporto (TFR, popolarmente detto liquidazione) nasce per garantire ai lavoratori una somma di denaro alla fine del rapporto di lavoro in modo da poterli sostenere economicamente durante la successiva fase di disoccupazione.

Oggi, a scelta del lavoratore, può servire invece a formare una pensione complementare rispetto a quella base che sarà di importo sempre più basso in futuro.

Come si calcola

Indipendentemente dalla scelta del dipendente, il calcolo del TFR che spetta al lavoratore è sempre uguale.

Si parte dalla retribuzione utile, cioè quella che i vari contratti collettivi individuano come significativa ai fini del calcolo del TFR.

Molti contratti prendono la retribuzione lorda con l'esclusione delle competenze occasionali come, ad esempio, gli straordinari.

Nella retribuzione utile è, per legge, sempre inclusa quella che il lavoratore avrebbe percepito durante le assenze per malattia, maternità, infortunio, cassa integrazione.

Per calcolare il TFR, la retribuzione utile va divisa per 13,5.

Al risultato così ottenuto va sottratto un contributo dello 0,5%. Non è però un contributo sul TFR (che è esente da contribuzione), ma un normale contributo previdenziale.

Quindi lo 0,5% non va calcolato sulla retribuzione utile, ma sull'imponibile contributivo.

Riassumendo:

(retribuzione utile / 13,5) − (imponibile contributivo x 0,5%)

Questa è la cifra che viene calcolata ogni mese e va a costituire il TFR del dipendente.[40]

E' la cifra che il lavoratore può scegliere di tenere accantonata presso l'azienda (e riscuoterla al termine del rapporto di lavoro) oppure destinare ad un Fondo di previdenza complementare (e riscuoterla sotto forma di pensione dopo il termine della carriera lavorativa).

---

[40] Grossolanamente possiamo dire che è circa il 6,91% della retribuzione.

Tenere il TFR in azienda

La scelta classica (nonché quella della maggioranza dei lavoratori) è quella di tenere in azienda la cifra calcolata sopra e di averla a disposizione al termine del rapporto di lavoro.

Questa scelta ha un innegabile vantaggio: l'azienda è obbligata per legge a comportarsi come una banca e a corrispondere un interesse al lavoratore.

Questo interesse è abbastanza alto perché è legato all'inflazione, in particolare all'indice Istat dei prezzi per le famiglie degli operai e degli impiegati (per intenderci, quello di cui si parla al telegiornale).

Ogni anno l'azienda deve rivalutare il TFR accantonato negli anni precedenti secondo un coefficiente di rivalutazione (tasso di interesse) basato su questo indice Istat[41].

Per trovare questi coefficienti di rivalutazione andate alla pagina http://www.cciaa.cremona.it/studi/indicitfr.htm

Per la rivalutazione annuale si applicano i coefficienti di dicembre di ogni anno, mentre al termine del rapporto di lavoro quello del mese di fine rapporto.

Quindi ogni anno l'azienda fa questa operazione:

TFR accantonato negli anni precedenti x coefficiente di rivalutazione - imposta sulla rivalutazione[42]

Questa cifra sommata al TFR dell'anno in corso dà l'accantonamento totale, cioè la cifra che l'azienda ha nelle proprie casse pronta per essere versata al dipendente in caso di fine rapporto.

E se l'azienda invece sperpera quei soldi e non può pagare il TFR? Niente paura, il TFR è garantito dallo Stato.

In caso di fallimento dell'azienda, il Fondo di garanzia tenuto dall'Inps, corrisponde ai lavoratori il TFR per intero, oltre alla retribuzione delle ultime tre mensilità.

Dare il TFR ad un Fondo di previdenza complementare

L'altra scelta possibile è di dare la cifra sopra calcolata ad un Fondo di previdenza complementare.

---

[41] In pratica il TFR è sempre al riparo dall'inflazione, fino ad un tasso inflazionistico del 6% annuo.

[42] Ovviamente anche sulla rivalutazione lo Stato vuole la sua parte, l'11%.

Questi Fondi si comportano come investitori, in pratica prendono il vostro denaro e lo investono sul mercato finanziario (tipicamente quello obbligazionario e quello azionario) con la prospettiva di ottenere rendimenti maggiori, ma anche col rischio di subire delle perdite.

Pertanto qui non c'è alcuna garanzia di protezione dall'inflazione, né nessun interesse garantito e nemmeno il Fondo di garanzia dell'Inps.

Tuttavia, se le cose vanno bene, i rendimenti potrebbero essere superiori.

Questi Fondi nascono per garantire una previdenza complementare ai lavoratori, quindi le somme di TFR accantonate, insieme ai rendimenti degli investimenti, vengono tenute presso il Fondo che, al momento del pensionamento, erogherà una pensione aggiuntiva al dipendente.

La pensione sarà tanto più alta quanto maggiore sarà il capitale accumulato presso il Fondo negli anni.

Il dipendente al momento del pensionamento potrà scegliere di convertire in pensione tutto il capitale accumulato oppure di riscuotere subito metà del capitale accumulato ed avere così solo la metà della pensione complementare.

Se il dipendente opta per il versamento del TFR ad un Fondo, l'azienda versa ogni mese la quota calcolata sopra al Fondo scelto dal lavoratore, trattenendogli dalla busta paga le spese di gestione richieste dal Fondo.

Inoltre, il lavoratore può scegliere di versare un contributo aggiuntivo al Fondo che viene trattenuto dalla busta paga.

Perché bisognerebbe versare ancora di più al Fondo?

Innanzitutto va fatto solo se il dipendente crede fortemente nell'investimento già fatto, dopodiché può godere di un vantaggio. Se infatti versa un contributo personale al Fondo, l'azienda è obbligata per legge a versare a sua volta un contributo aziendale di tasca propria.

Quindi il lavoratore si ritrova con dei soldi "gratis" in più versati sul Fondo.

Attenzione, questa possibilità è riservata esclusivamente a chi aderisce ad un Fondo chiuso, cioè un Fondo riservato ad una particolare categoria di dipendenti (artigiani, lavoratori del terziario, chimici ecc.) o ad una specifica azienda.

Non è possibile usufruire del contributo aziendale per chi aderisce ai Fondi aperti (non riservati, ovvero ad adesione libera) e per i Pip (piani di investimento personali proposti da banche e assicurazioni).

La scelta

E' obbligatorio scegliere uno dei due sistemi: o lasciare il TFR in azienda, o darlo ad un Fondo di previdenza complementare.

La scelta va fatto entro 6 mesi dall'assunzione compilando il modello TFR2 che dovrebbe essere consegnato dall'azienda all'atto dell'assunzione, ma è anche scaricabile da www.tfr.gov.it

In questo modello si dichiara esplicitamente cosa si vuole fare del TFR e, in caso di destinazione alla Previdenza complementare, quale Fondo si è scelto (va allegata anche la domanda di iscrizione al Fondo).

Mentre la scelta di lasciare il TFR in azienda è reversibile in qualunque momento[43] (basta compilare un nuovo TFR2), la scelta di aderire ad un Fondo è irrevocabile: CHI ADERISCE AD UN FONDO LO FA PER SEMPRE!

Quindi tutto il resto della vita lavorativa sarà caratterizzato dal versamento del TFR ad un Fondo, senza più la possibilità di accantonare nulla in azienda[44].

L'unica possibilità concessa al dipendente che ha scelto di aderire alla previdenza complementare è quella di cambiare Fondo trascorsi 2 anni dall'adesione: è la cosiddetta portabilità che consente di scegliere un Fondo che si presume possa dare rendimenti finanziari migliori di un altro in futuro.

In caso di portabilità il capitale maturato presso il primo Fondo viene interamente trasferito all'altro Fondo scelto dal dipendente.

E chi non ha scelto entro i 6 mesi? Si applica il meccanismo del silenzio assenso: chi non ha scelto vedrà il proprio TFR destinato a vita ad un Fondo di previdenza complementare[45].

---

[43] Il TFR che è già accantonato in azienda rimane lì, la scelta influenza solo il TFR futuro.

[44] In realtà una scappatoia esiste. Si chiama riscatto totale ovvero la restituzione di tutto il capitale accantonato presso il Fondo. E' consentita solo a chi è iscritto ad un Fondo chiuso di categoria (ad esempio metalmeccanici) e viene assunto in un'azienda di un altro settore (ad esempio terziario). In tal caso può scegliere se trasferire il capitale da un Fondo ad un altro o farselo restituire; in questo caso ha 6 mesi di tempo dalla nuova assunzione per scegliere nuovamente. Il riscatto totale è possibile anche per chi rimane disoccupato per 4 anni o per chi diventa disabile.

Quindi il mio consiglio spassionato è quello di scegliere e non lasciare che qualcun altro scelga al nostro posto!

Allora cosa conviene fare? So che siete ansiosi di sapere la risposta, ma prima vi devo spiegare una cosina sulla vostra pensione. Assicuratevi di essere seduti.

Avrete una pensione da fame!

Questo paragrafo può essere saltato da chi aveva 18 anni di versamenti contributivi al 1995.

Infatti questi fortunati andranno in pensione con il calcolo retributivo, cioè la loro pensione andrà a garantire una buona fetta della retribuzione percepita negli ultimi anni di lavoro[46].

Chi andrà in pensione con il calcolo retributivo e 40 anni di contributi, prenderà una pensione pari a circa l'80% delle ultime retribuzioni.

Invece chi non ha alcuna anzianità contributiva al 1995 andrà in pensione con il calcolo contributivo, cioè la pensione sarà calcolata sulla base dei contributi versati lungo tutta la carriera lavorativa[47].

Si stima che chi andrà in pensione con il calcolo contributivo e 40 anni di contributi, prenderà come pensione circa il 40% delle ultime retribuzioni.

Ed in un periodo storico caratterizzato dal precariato diffuso e dall'assenza di ammortizzatori sociali adeguati sarà complicato arrivare a 40 anni di versamenti contributivi.

Chi ci ha rubato la pensione? Perché paghiamo contributi più alti per avere la metà della pensione?

Facciamo un passo indietro. Il sistema pensionistico pubblico in Italia viene creato sotto il Fascismo. In quel periodo nascevano numerosi bambini e moltissimi giovani lavoravano fin dalla più tenera età.

Complici le frequenti guerre e la situazione socio-sanitaria, erano pochi quelli che arrivavano all'età della pensione.

---

[45] Inizialmente il Fondo chiuso di categoria o il Fondinps per quei pochi settori che non hanno un proprio Fondo.

[46] In realtà i periodi di lavoro dal 2012 in poi sono comunque sempre calcolati con il calcolo contributivo.

[47] Chi ha meno di 18 anni di contributi al 1995 andrà in pensione con il calcolo misto, cioè in parte retributivo ed in parte contributivo, più vicino all'uno o all'altro a seconda del numero di anni di contributi maturati.

La scelta più logica per garantire da subito la pensione (e quindi il consenso popolare) agli anziani fu quella di prelevare i contributi dalle tasche dei giovani per pagare le pensioni agli anziani che mai avevano versato una sola Lira di contributi.

Nacque così il sistema detto a ripartizione, cioè in cui chi lavora oggi paga la pensione a chi oggi non sta più lavorando[48].

Il sistema è rimasto uguale fino ai giorni nostri, ma la situazione demografica è molto cambiata.

Oggi nascono pochi bambini e gli under 30 che lavorano stabilmente sono pochissimi. Solo l'immigrazione porta (per fortuna) giovani in età lavorativa e tassi di natalità più elevati, ma comunque c'è meno lavoro di una volta e il precariato è diffuso.

In compenso i nostri cari vecchietti godono di ottima salute e da circa 60 anni, ringraziando il Cielo, non facciamo più guerre mondiali.

Se a questo aggiungiamo le pensioni-baby, le pensioni d'oro, le pensioni ai falsi invalidi ecc. concesse per ottenere il consenso popolare dai politici di vario colore (soprattutto nei famigerati anni '80), capiamo perché l'Inps è arrivata al collasso.

Bisognava cambiare qualcosa e, pur mantenendo il sistema a ripartizione che non poteva essere cambiato (non si poteva affamare chi era già in pensione) si è dovuti passare dal calcolo retribuivo a quello contributivo, dimezzando di fatto le pensioni delle generazioni dei nati dal 1970 in poi che, pur pagando cifre alte di contributi, avranno una pensione misera.

A questo punto PENSARE AD UNA QUALCHE FORMA DI INVESTIMENTO CHE GARANTISCA UN REDDITO AI LIMITI DELLA DECENZA PER LA VECCHIAIA È UN OBBLIGO.

La previdenza complementare è solo una delle possibili opportunità, ma ne esistono molte altre, ad esempio gli investimenti "classici" (mattone, assicurazioni sulla vita ecc.).

Vi prego però di pensare seriamente a questo problema e di smettere di credere che i contributi versati oggi vi garantiranno una vecchiaia serena.

---

[48] L'alternativa è il sistema a capitalizzazione in cui i contributi versati oggi vengono accantonati per essere poi utilizzati tra molti anni come pensione per le stesse persone che li hanno versati (è il sistema utilizzato dalla previdenza complementare)

Cosa fare?

Finalmente siamo arrivati alla domanda chiave: cosa conviene fare col TFR?

La risposta vi deluderà: DIPENDE DA CHI SIETE E COSA VOLETE FARE.

Ok, vi ho deluso, ma adesso vi aiuterò dandovi alcuni criteri di scelta.

Innanzitutto investire in previdenza complementare è per persone con lo stomaco forte. Vedere i propri risparmi dimezzarsi in periodi di crisi senza poter fare nulla e sperare in un boom economico in futuro è roba per gli amanti del brivido.

Se non siete persone del genere, meglio lasciare tutto in azienda e garantirsi un interesse sicuro, seppur non eccessivo.

Inoltre la previdenza complementare offre varie linee d'investimento, più aggressive (e quindi più rischiose) o più bilanciate (mediamente meno redditizie) e richiede quindi una certa capacità di scegliere, un'abilità finanziaria superiore alla media e tempo da dedicarvi.

Un'altra considerazione è che il TFR vi potrebbe servire subito, magari per pagare le bollette tra la fine di un lavoro precario e l'inizio di un nuovo rapporto precario e averlo tra 40 anni non vi è utile. In questa situazione non è intelligente darlo alla previdenza complementare.

Il vantaggio della previdenza complementare risiede soprattutto nella minore tassazione: infatti chi va in pensione con 40 anni di versamenti, si vedrà accreditare una pensione complementare con un'Irpef solo del 9%, mentre il TFR lasciato in azienda viene tassato in maniera variabile e piuttosto complicata, ma difficilmente inferiore al 23%[49].

State attenti però che questo vantaggio non sia "eroso" dalle spese di gestione che vi vengono chieste dai Fondi e dall'imposta dell'11% che si applica sui rendimenti.

Anche il fatto di poter usufruire di contributi aggiuntivi versati dall'azienda non è affatto male, però obbliga alla scelta di un Fondo

---

[49] Chi va in pensione con meno di 15 anni di versamenti ai Fondi è comunque tassato al 15%.
Per una simulazione della tassazione sul TFR in azienda andate su http://www.globallab.it/pit/tassazione_tfr.htm
Per una simulazione della pensione complementare andate sui siti dei singoli Fondi.

chiuso specifico e non dà la libertà di scegliere quello preferito.

Tenete comunque presente che la pensione complementare, secondo le stime, non garantirà più del 20% della retribuzione che, sommato al 40% della pensione base, arriverà al 60%, comunque insufficiente a risolvere il problema.

Non vi suggerisco quindi nessun metodo, ma vi consiglio di pensare bene e documentarvi prima di fare qualunque scelta, inclusa la possibilità di fare un investimento "tradizionale" (immobiliare, finanziario, ecc.).

Se poi avete intenzione di scegliere la previdenza complementare leggete prima Beppe Scienza "La pensione tradita", Fazi editore 2007 sui rischi di questa scelta.

Le anticipazioni

In alcuni casi previsti dalla legge, l'azienda o il Fondo presso cui avete accantonato il TFR sono obbligati a concedervi un'anticipazione, cioè a darvi una parte della somma totale a loro disposizione per venire incontro a vostre rilevanti esigenze economiche, se lo richiedete.

Si tratta di:

- spese sanitarie rilevanti
- acquisto della prima casa per sé o per i figli
- congedo parentale
- congedo formativo

Ovviamente la somma anticipata viene tolta dall'accantonamento totale che quindi sarà molto più basso.

Se il TFR è in azienda l'anticipazione non può essere superiore al 70% dell'importo totale, mentre i Fondi possono stabilire un tetto più alto. In entrambi i casi per accedere all'anticipazione è necessario un versamento di almeno 8 anni presso la stessa azienda o presso la previdenza complementare (indipendentemente dal Fondo).

L'azienda può accogliere solo un esiguo numero di richieste in un anno, mentre il Fondo le accoglie tutte (ovviamente purché adeguatamente documentate).

I Fondi concedono anticipazioni, di solito, anche nei casi di:

- spese sanitarie rilevanti per i figli,
- opere di ristrutturazione della prima casa,
- anticipazione jolly (senza necessità di motivazioni e pari al 30% del capitale accumulato presso il Fondo)

Un'ulteriore differenza è che l'azienda può concedere una sola anticipazione al lavoratore, mentre il Fondo lo può fare più di una volta purché non superi la percentuale complessiva di anticipazione. Inoltre il dipendente può restituire, se vuole, l'anticipazione al Fondo per ricostituire il suo capitale in tutto o in parte.

Sono comunque possibili condizioni di miglior favore concesse sia dall'azienda e dai contratti collettivi che dal Fondo.

Altre competenze di fine rapporto

Quando termina un rapporto di lavoro, indipendentemente dalla causa della sua cessazione (dimissioni volontarie del lavoratore, licenziamento da parte dell'azienda, fine del rapporto a termine, risoluzione consensuale, decesso) bisogna effettuare il saldo della retribuzione ancora dovuta dall'azienda.

Infatti il lavoratore ha probabilmente ancora delle ferie residue e dei permessi residui che, non potendo più essere fruiti, vanno retribuiti sull'ultima busta paga.

Può succedere che il lavoratore abbia goduto più ferie o permessi di quanti ne abbia maturato e, quindi debba restituire all'azienda la retribuzione corrispondente.

Inoltre al lavoratore potrebbero spettare ancora delle mensilità aggiuntive.

Ad esempio se il rapporto di lavoro termina a giugno, al lavoratore spetta ancora metà della tredicesima (6 mesi lavorati / 12 mesi in un anno).

Preavviso

Un discorso a parte merita l'indennità di mancato preavviso.

Questa va corrisposta dall'azienda al lavoratore se viene licenziato senza preavviso, ovvero senza il rispetto di quel periodo di tempo previsto dai contratti collettivi che deve necessariamente trascorrere tra la comunicazione del licenziamento da parte dell'azienda e l'effettivo termine del rapporto di lavoro.

L'indennità è pari alla retribuzione dei giorni che il dipendente avrebbe dovuto lavorare, ma non gli è stato concesso di farlo.

Opposto è il discorso delle dimissioni volontarie del dipendente senza preavviso: in tal caso è il dipendente a vedersi trattenere dalla busta paga una somma pari alla retribuzione per i giorni che avrebbe dovuto lavorare tra il momento della presentazione della lettera di dimissioni e l'effettivo termine del rapporto di lavoro.

Il preavviso è, come già detto, stabilito dai contratti collettivi; è di solito differenziato in base ai livelli (un lavoratore a bassa professionalità è più facilmente sostituibile di uno di alto livello) e, in certi contratti collettivi, deve obbligatoriamente decorrere dal 1° o dal 16 del mese, vale a dire che le dimissioni presentate il 18 di giugno fanno iniziare il periodo di preavviso dal 1° luglio.

A volte sono previsti termini di preavviso diversi tra licenziamento da parte dell'azienda e dimissioni del lavoratore.

Ovviamente nulla è dovuto se l'azienda o il lavoratore rispettano il periodo di preavviso contrattualmente previsto.

Una buona notizia per le neo mamme: se danno le dimissioni nel periodo compreso tra quando rimangono incinte e l'anno di vita del bambino, hanno diritto a ricevere l'indennità di preavviso da parte dell'azienda come se fossero state licenziate senza preavviso.

Stessa cosa per chi si dimette per giusta causa, cioè in seguito a gravi comportamenti dell'azienda nei suoi confronti (mobbing, minacce, richiesta di collaborazione ad attività criminose, mancato pagamento della retribuzione). Ovviamente vista la situazione di tensione con l'azienda è necessaria un'azione legale per dimostrare l'esistenza della giusta causa.

RIASSUNTO

- Ogni mese una parte della retribuzione viene accantonata come TFR
- Il lavoratore deve scegliere se tenere il TFR in azienda ed averlo alla fine del rapporto o darlo ad un Fondo di sua scelta per avere una pensione complementare
- La scelta della previdenza complementare è irreversibile, si può solo passare da un Fondo all'altro
- Chi non sceglie entro 6 mesi dall'assunzione, si vede destinare automaticamente il TFR al Fondo chiuso di categoria
- La scelta va fatta in base all'età, al reddito atteso in futuro, alla situazione pensionistica, alla propensione al rischio
- E' comunque necessario pensare ad accantonare delle somme per la vecchiaia in quanto la pensione base non sarà sufficiente
- Al momento della cessazione del rapporto l'azienda deve saldare ferie, permessi, mensilità aggiuntive residue e l'eventuale indennità di mancato

COMPITI A CASA

Non sempre i dati relativi all'accantonamento del TFR sono riportati sulla busta paga.

Se non ci sono potete comunque chiedere di stamparli o, almeno di comunicarvi a quanto ammonta l'accantonamento mensile.

L'accantonamento totale vi viene comunicato ogni anno se avete scelto il Fondo (ma potete anche controllare online la vostra posizione e i vostri investimenti mese per mese), mentre va gentilmente richiesto all'azienda ogni anno verso marzo se avete lasciato i soldi presso di lei.

Il dato più interessante è la retribuzione utile (anche detta imponibile TFR) perché è a partire da questo valore che viene calcolato il TFR; se è scritta da qualche parte sulla busta paga provate a capire quale voci della parte centrale sono incluse e quali no.

Vi consiglio di utilizzare una busta paga di un mese senza assenze.

Se, invece è riportato l'accantonamento TFR si può calcolare la retribuzione utile con la formula inversa:

Retribuzione utile = (Accantonamento + (Imponibile contributivo x 0,5%)) x 13,5

Ora che abbiamo la retribuzione utile possiamo verificare con il nostro ccnl se gli elementi della retribuzione considerati dall'azienda sono gli stessi riportati sul contratto.

Se riuscite a fare anche questo calcolo, siete ormai diventati degli esperti di paghe e contributi.

Mandatemi un curriculum, non si sa mai...

La nostra lettura della busta paga termina qui, ma gli adempimenti che l'azienda deve fare per gestire i rapporti con il personale sono ancora numerosi, nel prossimo capitolo vedremo tutti i principali.

8. BUSTA PAGA ... E POI?

Questo capitolo è dedicato a chi vuole approfondire la conoscenza di tutti quegli aspetti della gestione amministrativa del personale che riguardano specificamente l'azienda e pertanto non compaiono in busta paga.
Se siete studenti dei corsi di formazione professionale o degli istituti superiori, questa parte è indispensabile, altrimenti potete leggerla per vostra cultura personale.

Calcoli mensili

Oltre alla busta paga, ogni mese l'azienda deve provvedere a calcolare le somme da destinare all'Inps ed a tutti i vari enti per la parte di propria competenza da sommare a quanto già trattenuto ai dipendenti sulla busta paga.

Contributi Inps

Per calcolare la quota di competenza dell'azienda si parte dall'imponibile contributivo già calcolato per il dipendente a cui si applica l'aliquota contributiva dell'azienda. In pratica:

Contributi Inps c/azienda = imponibile contributivo x aliquota Inps
c/azienda

Tale calcolo viene fatto per ogni dipendente in quanto l'aliquota non è fissa, ma può variare da lavoratore a lavoratore perché dipende dalla qualifica del dipendente e dalle eventuali agevolazioni che l'Inps concede all'azienda per aver assunto lavoratori in situazione di svantaggio (ad esempio apprendisti, lavoratori in mobilità, lavoratori di lunga disoccupazione, contratti di inserimento ecc.).
L'azienda deve versare ogni mese i contributi dovuti all'Inps sia per la parte di propria competenza, sia per quella trattenuta ai lavoratori sulla busta paga.
La scadenza per il versamento è il giorno 16 del mese successivo a quello di riferimento della busta paga (criterio di competenza) utilizzando il modello F24.

Contributi ad altri Enti

La contribuzione agli enti di assistenza sanitaria ed agli enti bilaterali è stabilita da ogni contratto collettivo con regole di calcolo proprie; può

essere in cifra fissa oppure in percentuale su certi elementi della retribuzione e può riguardare solo l'azienda o coinvolgere anche il lavoratore (di solito per una piccola quota).
Le modalità e le scadenze dei versamenti sono gestite da ogni singolo ente.

La contribuzione ai fondi paritetici interprofessionali è automatica, se l'azienda ha scelto di aderirvi: in questo caso l'Inps gira lo 0,3% dell'imponibile contributivo al fondo prescelto senza bisogno di calcoli da parte dell'azienda.

La trattenuta sindacale riguarda, ovviamente, il solo lavoratore, ma l'azienda può aderire ad un'associazione di categoria versando le relative quote associative calcolate secondo le regole proprie di ogni associazione.

Trattamento di fine rapporto
Ogni mese viene calcolato l'accantonamento TFR come visto nel capitolo precedente.

Se il lavoratore ha scelto di destinare questa somma alla previdenza complementare la cifra da versare mensilmente è la seguente:
Versamento alla previdenza complementare = accantonamento TFR mensile + contributo aggiuntivo c/dipendente + contributo aziendale + spese di gestione
Vi ricordo che i contributi vengono versati alla previdenza complementare solo su scelta del lavoratore, mentre alcuni fondi calcolano autonomamente le spese di gestione senza operare trattenute in busta paga.
La periodicità e le modalità del versamento sono stabilite da ogni singolo fondo di previdenza complementare.

Se il lavoratore ha invece optato per tenere il TFR in azienda dobbiamo sapere quanti dipendenti occupava la ditta nel 2006 (o nel primo anno di attività, se successivo); infatti se l'azienda aveva almeno 50 dipendenti non può tenere gli accantonamenti presso di sé, ma deve obbligatoriamente versarli al Fondo di tesoreria Inps che si occupa di gestirli, corrispondere le rivalutazioni e versare il TFR al dipendente[50].

In questo caso la somma da versare all'Inps è esclusivamente quella relativa all'accantonamento TFR mensile e va versata mensilmente insieme ai contributi Inps.

Infine se il dipendente ha scelto di tenere il TFR in azienda e questa aveva meno di 50 dipendenti, tutto rimane all'interno della ditta e si procede all'accantonamento mensile ed alla rivalutazione annuale come già descritto in precedenza.

Irpef

L'Irpef viene trattenuta al dipendente e versata all'Erario, senza che l'azienda debba fare alcun calcolo ulteriore rispetto a quelli già visti.

Ovviamente anche l'azienda sarà tenuta a pagare le proprie imposte, ma queste dipendono dall'andamento economico della ditta nel suo complesso e quindi non sono calcolate sulla base delle buste paga.

Il versamento dell'Irpef trattenuta al dipendente va eseguito entro il 16 del mese successivo a quello di effettivo pagamento della retribuzione (criterio di cassa) con il modello F24.

Per comodità di calcolo, la normativa fiscale prevede di considerare all'interno dell'anno anche le retribuzioni pagate entro il 12 gennaio dell'anno successivo (criterio di cassa allargato); pertanto tutto ciò che viene pagato entro il 12 gennaio 2013 rientra comunque nell'anno fiscale 2012.

Modelli mensili

Le somme così calcolate vanno versate ai vari enti e riepilogate in appositi modelli per permettere agli enti stessi di verificare la correttezza dei calcoli e di abbinare i versamenti ad ogni singolo lavoratore.

F24

Il modello "principe" con cui si effettua la stragrande maggioranza dei versamenti agli enti pubblici ed anche ad alcuni enti privati è l'F24.

E' suddiviso in varie sezioni a seconda dell'ente a cui vanno destinati i versamenti (Erario, Inps, Regioni, tributi locali, Inail, altri enti).

---

[50] Il dipendente è del tutto ignaro di questa gestione da parte dell'Inps perché è l'azienda ad anticipare al lavoratore i soldi del TFR alla fine del rapporto di lavoro, chiedendo poi il rimborso all'Inps.

Per ogni versamento occorre indicare l'apposito codice tributo che identifica la tipologia della somma da pagare e gli eventuali altri dati richiesti per quello specifico tributo.

Una possibilità interessante per le aziende è quella di esporre all'interno del modello F24 gli eventuali crediti nei confronti dei vari enti e di effettuare compensazioni tra crediti e debiti, senza dover richiedere ed aspettare per lungo tempo il rimborso dei crediti.

La regola fondamentale è che i crediti esposti sull'F24 NON POSSONO MAI ESSERE SUPERIORI AI DEBITI, pertanto il totale del modello non può mai essere negativo.

I crediti eventualmente ancora residui possono essere esposti nei mesi successivi, sempre fino a capienza dei debiti.

Esistono comunque una serie di regole specifiche per ogni tributo che limitano in parte la possibilità di utilizzo dei crediti al fine di evitare manovre elusive.

Per le aziende la presentazione del modello F24 può avvenire esclusivamente con modalità telematiche e con l'indicazione del conto corrente bancario da cui lo Stato preleva le somme dovute.

Uniemens

E' un file da inviare mensilmente all'Inps per comunicare tutti i dati contributivi dell'azienda e del lavoratore.

L'Inps verifica la correttezza dei calcoli contributivi eseguiti dall'azienda ed il diritto della stessa a beneficiare di agevolazioni.

Inoltre provvede ad abbinare i contributi ad ogni singolo dipendente per permettere l'accredito dell'anzianità contributiva ed il calcolo della pensione base.

Inoltre accredita l'anzianità contributiva per tutti quei periodi di assenza dal lavoro privi in tutto o in parte della contribuzione, ma tutelati dalla legge ai fini pensionistici (malattia ed infortunio di almeno 7 giorni, maternità, cig ecc.). Si chiama contribuzione figurativa ed è utile per la maturazione dei requisiti pensionistici.

L'Inps chiede all'azienda l'invio all'interno dell'Uniemens di ulteriori numerosi dati che vengono utilizzati in parte a scopo statistico ed in parte per permettere all'istituto il calcolo di alcune prestazioni direttamente erogate dallo stesso (ad esempio l'indennità di disoccupazione).

Il file prima di essere inviato va verificato tramite un apposito software di controllo Inps e va trasmesso tramite il sito www.inps.it entro la fine del mese successivo a quello di riferimento della busta paga.

Distinte contributive

Anche gli altri enti a cui l'azienda è tenuta a versare contributi richiedono modelli riepilogativi a volte informatici, a volte cartacei.

Ogni ente è sovrano nello scegliere la modulistica e le modalità di invio desiderate, oltre che i dati da comunicare.

Alcune distinte contributive molto note sono: Mut (per le casse Edili), Dma (per le aziende pubbliche), Denuncia mensile contributiva (per le aziende dello spettacolo) e le varie distinte riepilogative online dei fondi di previdenza complementare.

Altri adempimenti e modelli

Modello 770

Abbiamo visto che l'azienda si comporta da sostituto d'imposta nei confronti dei dipendenti in quanto trattiene l'Irpef dalle loro buste paga per versarla all'Erario, così come provvede per conto dello Stato a rimborsare il credito o a trattenere il debito dei lavoratori derivante dal 730.

Analogamente si comporta nel caso di addizionali regionali e comunali, imposte sostitutive, imposte sul TFR eccetera.

Questo ruolo di sostituzione non riguarda però solo i lavoratori dipendenti, ma anche i lavoratori autonomi e tutta una lunga serie di operazioni economiche in cui l'azienda versa una parte di soldi all'Erario per conto di un altro soggetto.

Per riepilogare tutta questa serie di operazioni si utilizza il modello 770 che riporta tutti i dati relativi alle ritenute effettuate ed ai versamenti eseguiti.

La situazione più normale è che tutte le ritenute siano state correttamente versate e quindi la differenza tra ritenute e versamenti sia uguale a zero.

Può succedere invece che ci si accorga di non aver versato alcune ritenute, in questo caso si può rimediare all'errore con un ravvedimento operoso cioè versando spontaneamente le ritenute omesse con una maggiorazione a titolo di sanzione ed interessi.

Non è possibile utilizzare il ravvedimento operoso dopo la scadenza del modello 770 che attualmente è fissata a luglio (ad esempio, a luglio 2012 si presenta il 770 relativo alle operazioni di sostituzione d'imposta di tutto il 2011).

Può inoltre succedere che i versamenti siano stati maggiori delle ritenute, in questo caso l'azienda sarà a credito nei confronti dell'Erario e potrà quindi recuperare quanto pagato in eccesso dai successivi versamenti.

Autoliquidazione Inail

I premi assicurativi Inail si pagano una volta l'anno entro il 16 febbraio[51] ed occorre presentare all'Istituto un prospetto di calcolo dei premi, la cosiddetta autoliquidazione.

Ogni azienda è identificata dall'Inail con un unico codice ditta, ma può avere più posizioni assicurative territoriali (pat) diverse a seconda delle sedi in cui svolge la propria attività.

All'interno di ogni pat vengono identificate le lavorazioni effettivamente svolte, classificate secondo il rischio ovvero la probabilità che l'Inail debba pagare per indennizzare i lavoratori infortunati o con malattie professionali.

Questa rischiosità è organizzata secondo voci di tariffa che identificano il tasso di rischio connesso alla specifica lavorazione; in ogni pat ci possono essere una o più voci di tariffa.

Il tasso di rischio è determinato da una statistica su base nazionale sul costo degli infortuni, ma l'Inail applica alla singola azienda un sistema di bonus-malus per premiare le ditte più sicure e punire quelle dove si verificano più infortuni. Tecnicamente si chiama oscillazione del tasso ed è basata sugli infortuni avvenuti in azienda negli ultimi tre anni e sugli investimenti fatti dall'azienda in sicurezza[52].

In sede di autoliquidazione si tiene quindi conto del tasso di rischio applicato e per ogni voce di tariffa all'interno di ogni pat si calcola il

---

[51] E' possibile rateizzare il versamento in 4 rate.
[52] Ovviamente gli investimenti ulteriori rispetto ai pressanti obblighi imposti in materia di sicurezza dal Decreto Legislativo 81/2008.

premio Inail in questo modo:

Premio Inail = imponibile Inail x tasso di rischio applicato

L'imponibile Inail è uguale all'imponibile contributivo dei lavoratori soggetti a quella voce di tariffa all'interno di quella pat, ma per certe categorie di lavoratori si applicano retribuzioni convenzionali anziché quelle reali.

Il premio Inail così calcolato va maggiorato dell'1% a favore dell'Anmil.

Questo premio viene anticipato dall'azienda per l'anno in corso, in pratica a febbraio 2012 si paga già tutto il premio per il 2012 e quindi occorre "inventarsi" l'imponibile Inail del 2012 che è ancora ignoto. Per legge si utilizza quello dell'anno precedente (salvo richiesta di riduzione da fare all'Istituto) e ovviamente l'anno successivo si dovrà procedere al saldo (tecnicamente si chiama regolazione) sulla base del reale imponibile Inail e del reale tasso di rischio applicato.

L'autoliquidazione è quindi quella operazione con cui si calcolano: il premio Inail anticipato per l'anno in corso, la regolazione del premio Inail dell'anno precedente e si trasmette telematicamente il tutto all'Inail.

Durc

Il Documento unico di regolarità contributiva (Durc) certifica che l'azienda è in regola con tutti i pagamenti contributivi all'Inps, all'Inail e alla Cassa Edile e rispetta le norme dei contratti collettivi.

E' indispensabile per tutte le aziende che lavorano con enti pubblici in quanto l'azienda che ha effettuato prestazioni nei confronti di amministrazioni pubbliche non viene pagata se non presenta il Durc.

E' inoltre indispensabile per tutte le aziende che usufruiscono di agevolazioni contributive Inps o Inail e sovvenzioni dell'Unione europea in quanto tali benefici vengono revocati in assenza di Durc.

RIASSUNTO

- Ogni mese l'azienda deve calcolare tutte le somme dovute ai vari enti in aggiunta a quelle derivanti dalla busta paga
- Queste somme devono essere versate con le norme e le scadenze proprie di ogni ente (spesso tramite F24)
- Le somme vanno riepilogate su appositi modelli che servono per verificare la correttezza dei calcoli, attribuire i contributi ai singoli

dipendenti e a scopi statistici
- Ogni anno l'azienda deve provvedere al modello 770 in quanto sostituto d'imposta e all'autoliquidazione Inail
- In assenza di Durc è impossibile ricevere pagamenti dalla pubblica amministrazione e usufruire di benefici contributivi o comunitari

CONCLUSIONI

Ora che siete esperti nella lettura del cedolino paga, probabilmente vi accorgerete che vi hanno sempre sbagliato tutte le buste paga!
Avrete quindi voglia di andare dal vostro capo ad insultarlo.
Posso frenare i vostri istinti omicidi confessandovi un segreto professionale: le aziende di solito non hanno nessun interesse a "fregare" i lavoratori sbagliando di proposito le buste paga.
Per i disonesti è molto più comodo tenere i lavoratori in nero, o far firmare al lavoratore le dimissioni insieme all'assunzione.
La busta paga è un documento scritto che rimane al lavoratore e che può essere facilmente controllato da persone competenti, per questo è difficile che siano compiuti dei misfatti sui cedolini.
Quindi, in prima battuta, cerchiamo di capire cosa può sembrare sbagliato ed invece è giusto.

Ad esempio, avete capito che ogni contratto collettivo ha le sue norme molto particolari, magari molto diverse dallo standard, così, prima di sollevare qualsiasi dubbio sulla busta paga, è meglio leggere nel dettaglio le specifiche norme contrattuali nazionali, territoriali e aziendali.
A volte, invece, alcuni calcoli sono automatizzati per ridurre i tempi di elaborazione e questo porta ad arrotondamenti sfavorevoli ai lavoratori. Il mio parere è che se l'errore a vostro sfavore è inferiore a 5 euro lordi al mese, perdete più tempo nella contestazione rispetto al guadagno che potreste ricavare.
Vi prego di non andare mai a contestare sistemi di calcolo previsti dai ccnl: la banca ore esiste e può essere applicata anche se non vi piace; il sistema mensilizzato, vi assicuro, non vi ruba nulla rispetto a quello orario.
E soprattutto non criticate l'azienda per i salari troppo bassi; se l'azienda rispetta i ccnl e la retribuzione è bassa vuol dire che è il sistema economico attuale che sfavorisce i lavoratori nel complesso (nulla di personale) e non una precisa volontà aziendale nei vostri confronti.

Tuttavia errare è umano ed è normale che chi raccoglie i dati delle presenze possa sbagliare, così come chi elabora le buste paga.
Pertanto capita che i cedolini contengano degli errori.

Ora che sapete tutto della busta paga potete scovarli e segnalarli.

Se la segnalazione è fatta con cortesia e con l'intento di comprendere quello che vi è scritto, di solito si raggiunge lo scopo di svelare gli eventuali errori o di chiarire perché l'elaborazione è stata fatta in un certo modo, magari poco comprensibile, ma corretto.

Solo se l'azienda si rifiuta continuamente di rispondere alle vostre gentili richieste o fa degli evidenti e ripetuti errori sui cedolini, è il caso di rivolgersi ad un Consulente del Lavoro o ad un sindacato per verificare la situazione ed, eventualmente, intervenire presso l'azienda.

Ma vi assicuro (contro il mio interesse personale) che questo non è necessario nel 99% dei casi.

RINGRAZIAMENTI

Gli studenti dei miei corsi che mi hanno fatto passare delle ore felici e molto istruttive.
I pochi che mi hanno dato fiducia ed i moltissimi che mi hanno criticato (c'è gente più simpatica, però).
La consulenza del lavoro che mi ha dato da mangiare fino ad oggi ed il sogno di cambiare vita ed aprire il famoso "agriturismo".
Il Padre di tutti noi.
Pamela che finalmente si è messa a fare la maestra elementare.